# Por qué soy monárquico

# Por qué soy monárquico

*Una historia familiar*

SERGIO VILA-SANJUÁN

*Ariel*

Primera edición: noviembre de 2020



Derechos exclusivos de edición en español:
© Editorial Planeta, S. A.
Avda. Diagonal, 662-664, 08034 Barcelona
Editorial Ariel es un sello editorial de Planeta, S. A.
www.ariel.es

ISBN: 978-84-344-3311-3
Depósito legal: B. 18.600-2020

Impreso en España

El papel utilizado para la impresión de este libro está calificado
como **papel ecológico** y procede de bosques gestionados de manera **sostenible**.

# Índice

# Introducción

Me considero monárquico. Por razones objetivas, subjetivas y también familiares.

En este libro pretendo argumentarlas sintéticamente, y a la vez mostrar lo que los últimos cuatro reyes de la historia de España —uno de ellos no reinó, pero para sus seguidores sin duda fue rey— han significado para tres representantes de mi familia: mi abuelo, mi padre y yo mismo. Periodistas y escritores que a lo largo de tres generaciones nos hemos aproximado a la monarquía española desde nuestra atalaya profesional y humana, y que, aunque no hemos tenido un trato estrecho, sí ha sido, en varias ocasiones, directo.

Algún amigo, en ocasiones, me ha dicho: «No entiendo qué razones puede haber para ser monárquico hoy en día». Y después de que la cuenta suiza de Juan Carlos I se hiciera pública en marzo de 2020, mi amigo insistió: «Ahora sí que la monarquía es indefendible».

Yo creo que, pese a puntos indiscutiblemente negativos como el mencionado, la institución monárquica no sólo es defendible, sino que va a seguir rindiendo buenos servicios a la sociedad española.

Que hoy en día esto sea un tema de debate ha constituido uno de los estímulos para escribir este libro. Quizá ahora conviene explicitar posiciones que en otro momento podían mantenerse en el plano más privado.

Por mis propios principales intereses, esta crónica impresionista, y declaradamente personal, privilegia dos puntos: la relación de los monarcas con la cultura, y la que han mantenido con la ciudad de Barcelona. Y también recoge, sin ánimo exhaustivo, un cierto entorno de personajes singulares que muestran la atmósfera que ha rodeado ese monarquismo.

Me considero monárquico. Pero ahora, sobre todo, felipista. El porqué también lo explico en estas páginas.

# 1. Un gentilhombre de Alfonso XIII

—Y bien, Pablo, ¿cómo has visto la situación en África? —preguntó el monarca.

Mi abuelo Pablo Vila San-Juan había recibido la invitación de Alfonso XIII a su regreso de Marruecos. Más exactamente, tras volver de cubrir, para el vespertino barcelonés *El Noticiero Universal*, la triste, cruel e impopular guerra que allí se libraba. Sus artículos de los años 1921 y 1922, salvando sólo en parte la implacable censura del momento, daban fe de la desmoralización y malas condiciones en que se movía el ejército español allí destinado.

El rey, recordaría Pablo, «sin haberla yo pedido», le convocó a una audiencia especial a través de su secretario particular, el marqués de la Torre de Mendoza. Conducido mi abuelo a un gabinete del Palacio Real, don Alfonso, sentado en un silloncito, le alargó un cigarrillo largo con la corona real en la boquilla y le interrogó sobre el conflicto magrebí y sobre Barcelona:

—He leído tus crónicas —señaló— y, aunque con algunas, muy fuertes, no puedo estar oficialmente de acuerdo, en realidad lo estoy.

«Esto abrió de par en par mi confianza en el diálogo, y puedo asegurar que salí con la convicción de que había hablado con un hombre íntegro, de clara mentalidad, y de elevada fineza espiritual, al que su destino encadenaba al silencio, o por lo menos a la prudencia, en la mayoría de sus enfrentamientos con los hombres y cosas que le rodeaban», escribió muchos años más tarde el periodista.

No es que Pablo Vila San-Juan fuera un recién llegado al mundo monárquico. Desde sus años jóvenes había militado en las juventudes alfonsinas barcelonesas, y más tarde fue un habitual colaborador de la prensa conservadora fiel a la Corona. Aun así, constituyó para él una grata sorpresa cuando el monarca le comunicó que iba a concederle la llave de gentilhombre de su real cámara —un honor palaciego apreciado, que le incluía entre las llamadas «clases de etiqueta», pero sin funciones específicas—, argumentando además que tal dignidad respondía exclusivamente a su trabajo periodístico, «con independencia absoluta de toda consideración política, heráldica, ni situación social».

## La *Belle Époque* y su reverso

Alfonso XIII nació rey: un caso excepcional en la historia. Su padre, Alfonso XII, había muerto con veintisiete años en 1885; su madre, María Cristina de

Habsburgo, estaba embarazada (y aunque no lo sabía, era de su primer varón). Hubo una crisis política y la sucesión quedó paralizada hasta su nacimiento, siendo inmediatamente proclamado monarca (en España no hay ceremonia de coronación, que además en este caso hubiera resultado complicada).

Y tuvo un largo reinado que, como recordaba el periodista José Ramón Alonso, se extendió en el período que va de Bismarck a Hitler, de Alejandro II de Rusia a Stalin, de los años triunfales de la reina Victoria a la consolidación de Estados Unidos como primera potencia municipal.

Existió una *Belle Époque* alfonsina. La recogió en sus artículos el marqués de Valdeiglesias, que fue jefe de mi abuelo en el diario *La época*, el medio informativo monárquico por excelencia hasta la aparición de *ABC*. Según recuerda el marqués en sus *Memorias*, «en los años que median entre el principio del siglo y el comienzo de la guerra de 1914, continuó disfrutando la buena sociedad de una vida alegre y fácil. [...] Época aquella frívola, sin duda, en que se había perdido el recuerdo de la revolución de 1868».

«El encanto de vivir correspondía principalmente a la sociedad de los privilegiados: la aristocracia de la sangre, que entonces coincidía generalmente con la del dinero; la burguesía y los grandes industriales; pero también las personas con medios más modestos gozaban de la tranquilidad que proporciona un presupuesto familiar equilibrado, debido a la extraordinaria baratura de todo aquello que en la vida se considera como de primera necesidad y a la estabilidad de las monedas y los precios.»

Valdeiglesias cubrió para su diario el *garden party* en los jardines del Palacio Real de Madrid —uno de los más grandes de Europa— celebrado en mayo de 1902 para solemnizar la mayoría de edad de don Alfonso. El antiguo Campo del Moro se había convertido, «por feliz iniciativa de su majestad la reina», «en admirable parque de espléndidas calles y paseos y espesas arboledas». Llamaba la atención el elegante chalet de María Cristina, «de estilo suizo, cuyas puertas y ventanas lucen los *carreaux* de la época de Luis XVI».

Antes de las cuatro y media, hora señalada, «los carruajes llegaban en gran número y poco a poco poblaban los jardines». «Guardias alabarderos, sin armas, aparecían en las puertas, siendo un elemento más de curiosidad para los desocupados que ante ellos se apiñaban».

Aparece el rey, con uniforme de diario de almirante de la armada, luciendo las insignias de las órdenes militares. A su lado, la reina madre, «con la severa elegancia que tanto le distingue».

Los concurrentes no bajan de cuatro mil: cuerpo diplomático extranjero, «las señoras que más brillan en los salones, los políticos y artistas más prestigiosos, las autoridades, diputados y senadores, alcaldes de gran número de capitales y poblaciones importantes...».

Disfrutan todos ellos de un espléndido bufé, dispuesto en distintos sitios del parque en cuatro grandes mesas. Detrás de cada una «se habían colocado tiendas de campaña, de las cuales una legión de servidores de la Real Casa sacaba a cada momento los vinos y dulces con que habían de reemplazar a los ya consumidos».

«Cuantas personas han tenido el placer de asistir a esta fiesta han quedado tan satisfechas de ella como de la bondad del monarca, y se han retirado del Campo del Moro lamentando que fiestas tan agradables no pudieran repetirse con más frecuencia», concluye Valdeiglesias.

*Belle Époque*, pues. Pero también con su cara oscura. En el artículo donde evoca su encuentro con el monarca en ese mismo palacio, y para contextualizar su figura, mi abuelo se refiere admirativamente al *Diario íntimo* de Alfonso XIII, publicado tras su muerte. En el apartado correspondiente a 1902 —el año del *garden party* glosado por Valdeiglesias— el joven rey había consignado lo siguiente:

> Este año me encargué de las riendas del Estado, acto de suma trascendencia tal y como están las cosas, porque de mí depende si ha de quedar en España la Monarquía borbónica, o la República. Porque yo me encuentro al país quebrantado por nuestras pasadas guerras; que anhela por un alguien que le saque de esa situación; aplazadas las reformas sociales en favor de los necesitados; el ejército, con una organización atrasada a los adelantos modernos; la marina, sin barcos; la bandera ultrajada; los gobernadores y alcaldes, que no cumplen las leyes, etcétera. En fin, todos los servicios desorganizados, y mal atendidos. Yo puedo ser un rey que se llene de gloria regenerando a la patria, cuyo nombre pase a la historia como recuerdo imperecedero de su reinado; pero también puedo ser un rey que no gobierne, que sea gobernado por sus ministros y por fin, puesto en la frontera.

Éstos eran los buenos propósitos de un joven soberano reformista en el cambio de siglo. Sin embargo, acabó sucediendo justamente la peor de las hipótesis esbozadas por el joven Alfonso: perdió la corona, dio paso a la República y tuvo que salir de España a toda prisa. Pero la voluntad regeneracionista contenida en este párrafo ilumina, creo, la comprensión que mi abuelo tenía de la figura del monarca.

## Eduardo Dato, inspirador

Pablo Vila San-Juan (1892-1982), nacido en Cádiz, crecido y formado en Barcelona, publicó su primer artículo en prensa siendo aún adolescente y por la misma época se incorporó al Grupo de los 14, «reducida expresión de los monárquicos barceloneses sostenida a capa y espada en una etapa ciudadana donde dominaban la Lliga regionalista y el radicalismo de Alejandro Lerroux», según él mismo expresaría.

Entre 1911 y 1913 es secretario de la revista monárquica *Acción*, a cuya redacción pertenecen también los que serán sus amigos para toda la vida, José María Milá y Eugenio Nadal Camps. Pablo acaba en Madrid sus estudios de Derecho y se incorpora como secretario personal al bufete del político Eduardo Dato, quien compatibiliza esta actividad legal con sus tareas en el gobierno del Estado, y que resultó todo un protector para él.

Tras su etapa madrileña, Pablo abre en Barcelona un exitoso despacho propio mientras colabora en las principales publicaciones del momento, sobre todo

Pablo Vila San-Juan con el uniforme de gentilhombre de cámara de Alfonso XIII.

*El Noticiero Universal* y *La Vanguardia* (donde escribirá hasta el final de su vida) en Barcelona, así como en el ya citado *La Época, ABC* y *La Esfera* de Madrid.

Hijo único de una familia de clase media —el padre era marino—, mi abuelo protagonizó una ascensión precoz y rápida por sus propios méritos. Sospecho que en su juventud era una persona ambiciosa y resuelta. Así lo define, en sus memorias, su compañero en la Facultad de Derecho, el poeta Josep Maria de Sagarra:

> Con Pablo Vila San-Juan, siempre que me lo encuentro hoy en día y nos saludamos con el antiguo afecto que nos une, fatalmente me sitúo cuarenta y tantos años atrás y lo veo igual que el día que nos conocimos: con sus aires seguros de gran elegante y de gran conquistador, con sus claveles rojos y su palabra brillantísima de galán joven, encarándose con aquel primer galán que era el (catedrático) doctor Díaz.

Pero Pablo fue también un hombre con clara conciencia social. Y de mente abierta: católico convencido, en el período 1919-1920 se aproximó a la masonería, pienso que más que nada por curiosidad intelectual, lo que le causaría problemas en la posguerra.

Se comportó a lo largo de su existencia como una persona de principios. Su visión política, plasmada en incontables artículos y libros, responde a la de un monárquico liberal y, por encima de todo, un hombre de leyes.

Eduardo Dato ha pasado a la historia como uno de los grandes políticos del período de la Restauración. Nacido en La Coruña en 1856, abogado, fue alcalde de Madrid, presidente del Congreso de los Diputados, ministro de Gobernación, Gracia y Justicia y Marina, y presidente del Consejo de Ministros hasta que un atentado, en el año 1921, acabó con su vida.

Tras su asesinato, Alfonso XIII manifestó: «Ha sido una de las mayores penas de mi vida. España pierde un gran hombre; el pueblo, un gran protector; la monarquía, uno de sus últimos puntales firmes; yo, un gran consejero, un caballeroso servidor y un leal amigo». No le iba a la zaga mi abuelo, quien consideraba a su mentor madrileño el gran reformista y legislador español del primer tercio de siglo.

Ya antes de establecerse en Madrid, junto con su compañero de la revista *Acción* Eugenio Nadal Camps, Pablo había dedicado en 1913 un estudio biográfico a Eduardo Dato para la colección de la Editorial Barcelonesa «Sociólogos españoles». En el librito, ambos autores celebraban una propuesta de revolución desde arriba centrada en la justicia distributiva.

Mi abuelo opinaba que «los institutos de previsión y el sistema de seguridad social que don Eduardo ha puesto en marcha, bajo la tutela del monarca, hacen más por la justicia social que mil bombas de sus anarquistas».

Muy impuesto en la doctrina social de la Iglesia —tras una juventud galante, Eduardo Dato, en clave típicamente española, se había convertido en un hombre muy religioso y un demócrata cristiano «avant la lettre»—, era «el más obrerista de los políticos españoles en activo, tanto conservadores como liberales». Entre sus aportaciones a la legislación se contaba el descanso dominical, los seguros de invalidez y ancianidad, el derecho a casas baratas, el cuidado de la mujer trabajadora embarazada, becas para hijos de obreros, ley de accidentes de trabajo y la reglamentación de horarios laborales.

En la visión que mi abuelo apreciaba en su protector, «no hay que entender en cada una de estas leyes el triunfo de una clase sobre otra, ni una conquista arrancada a los patronos por los obreros, como suele afirmarse, ni una concesión graciosa de los primeros a favor de los segundos. Es el Estado, órgano productor del derecho, regulador de la vida nacional, el que dicta la ley, como resultante o expresión de los diversos elementos sociales».

Eduardo Dato no había querido olvidar en su labor política los conceptos humanitarios básicos. Mi abuelo describe con admiración uno de esos momentos: «En las distintas ocasiones en que desempeñó la presidencia del Consejo de Ministros, no dudó en acudir una y otra vez a Alfonso XIII reclamando firmas de indulto para condenas capitales, mientras exclamaba: "¡Yo no fusilo! ¡Yo no fusilo!"». Así ocurrió —sin que pudiera imponer su criterio— cuando se planteaba la del pedagogo ácrata Francisco Ferrer Guardia, acusado por los disturbios de la Semana Trágica.

El político gallego fue muy sensible a las reivindicaciones regionales. Favoreció desde el gobierno la creación de la Mancomunitat catalana, experiencia pionera de descentralización administrativa a partir de la fusión de las cuatro diputaciones provinciales. Y propició la presencia regular del monarca en Cataluña.

Según recordaba mi abuelo, en los años diez del siglo xx «don Alfonso no frecuentaba demasiado Barcelona, en parte por razones de seguridad y en parte porque como consecuencia del catalanismo en alza, no la sentía una ciudad demasiado afecta. El entonces presidente del Consejo de Ministros, mi protector Eduardo Dato, me había confesado que intentaba estimular al monarca para que viniese más a menudo, ya que donde don Alfonso realmente brillaba era en las distancias cortas. Sabía ganarse a la gente, y en Barcelona y en Cataluña tenía sin duda mucho que ganarse, ya que el sentimiento monárquico seguía muy vivo en amplias capas de la población».

*Last but not least,* Dato consiguió, codo a codo con don Alfonso —dramáticamente escindido en esos años entre una madre austríaca y una esposa británica, naciones enfrentadas—, que España se mantuviera neutral durante la Primera Guerra Mundial.

A don Alfonso, relata mi abuelo, «la muerte de Dato le provocó una verdadera depresión física. Le vi a los pocos días de los solemnes funerales, y por primera vez advertí en sus ojos una profunda melancolía, y en su rostro un envejecimiento prematuro. Hablamos mucho, confirmando mi impresión de que el monarca, como tal y como hombre a secas, era un ser inteligente de extraordinaria intuición y muy sólida preparación. Recordó que con Dato, juntos habían trazado todo un plan regeneracionista que ambos creían indispensable y urgente para España. Juntos, conformaron el Instituto de Reformas Sociales; juntos, fundaron el Instituto Nacional de Previsión; juntos, iniciaron la Ciudad Universitaria; juntos, sembraron toda una legislación laboral, que luego ha dado espléndidos frutos. Y también juntos, lucharon contra formidables obstáculos, de dentro, y de fuera del país, para mantener la neutralidad de España en la guerra europea de 1914. Era una labor conjunta y cordial, en que dos hombres de talento y buena fe incrustaron sus mayores esperanzas, truncadas por las balas asesinas de los brazos criminales de fuerzas ocultas, más o menos secretas, a las que estorbaba Dato, con su política moderada de intensificación de humanidad y anhelo de justicia social».

Continúa Pablo: «Creía el rey que, con su muerte, el país perdía al quizá último de sus políticos de altura. Ya que don Antonio Maura se había retirado voluntariamente siendo otro valor indiscutible y firme de la monarquía, ésta quedaba vacilante a merced de lo que efectivamente vino luego, con la división de los partidos, las ambiciones interesadas, y las deslealtades, mejor o peor encubiertas, de los mismos que rodeaban al trono. A merced de los enemigos no sólo del régimen monárquico, sino también —quizá más grave— del equilibrio social, y de la continuación de la patria. Llegó a tal extremo a ser cierto cuanto temía don Alfonso, que hubo de admitir —a regañadientes— la necesidad de una operación quirúrgica en el cuerpo dañado del país. Y llegó la dictadura del general Primo de Rivera, paréntesis a cuyo final apareció la descomposición total, la República, y la Guerra Civil».

Mi abuelo atribuía a Alfonso XIII el gran mérito de haber liderado junto con Dato una batalla reformista para modernizar a fondo la vieja España, la surgida desmoralizada de la catástrofe del 98. Y ponía el acento en que ambos propulsaron con éxito aquellas medidas que desde un espectro conservador de amplio alcance promovieron el entendimiento con las fuerzas sociales y regionalistas. El corte en seco de esta opción por la vía de la violencia anarquista habría lanzado a don Alfonso a favorecer sin demasiada convicción una dictadura que mi abuelo, como hombre de leyes, no aprobaba. Y que tampoco consiguió evitar los subsiguientes males mayores.

¿Qué habría pasado de no haber sido asesinado el presidente Eduardo Dato en 1921? ¿Habría podido orquestar un nuevo contrato social que reorganizara el panorama político español, frenara la creciente violencia y afianzara definitivamente la Corona? ¿Habría podido evitarse la dictadura, y tal vez en justa consecuencia la caída de la monarquía en 1931 y, sobre todo, la Guerra Civil?

## Encuentros en Barcelona

En las *Memorias de un cronista* que Pablo publicó entre 1971 y 1974 en sucesivas entregas en *La Vanguardia*, relata otros momentos en que tuvo contacto directo con el rey. Utilicé varias de esas situaciones en mi novela del año 2010 *Una heredera de Barcelona*.

Una de ellas tuvo lugar con motivo de un histórico banquete en Las Planas a los mandos del ejército en Cataluña. Se realiza en un momento en que las Juntas de Defensa Militar, unos grupos de presión surgidos en el interior del ejército que el propio rey amparó inicialmente, han creado «un ambiente inquietante, dudoso y molesto que llegó a su punto álgido cuando algunos jefes y oficiales declararon a un periodista —entonces la prensa era completamente libre— su vocación de republicanos». El marqués de Foronda, uno de los principales hombres de don Alfonso en Barcelona, ha invitado a Pablo a acompañarlos a este almuerzo.

En su intervención, el monarca pide seriamente a los comensales que se abstengan de intervenir en política, ya que «todos habían ingresado voluntariamente en sus respectivas academias militares, y en ellas se les había enterado de las ordenanzas de Carlos III».

Alfonso añade que está dispuesto a acatar en todo momento la voluntad popular, pero con la «expresa inhibición de los que no eran representantes directos de la misma».

Pablo escribe su información del acto y se la entrega al director del *Noticiero* Julián Pérez Carrasco; el diario empieza a tirarse. Pero llega un emisario del gobierno civil con la versión oficial del discurso, «bastante diferente de la mía». Se detiene la edición y se sustituye el texto; Pablo guarda su artículo.

La noche siguiente, durante una recepción en el Gran Teatro del Liceo, el monarca le recrimina que no haya recogido correctamente sus palabras:

—Parece que quisieran separarme del contacto con la gente, porque he dicho unas cuantas verdades —se lamenta don Alfonso.

Pablo le entrega el artículo que llevaba en el bolsillo.

—¡Esto es exactamente lo que yo he dicho, y lo que yo quería decir! —exclama tras leerlo su regio interlocutor, que se queja al ministro de Gobernación—: Es que así no me conocerá nunca mi pueblo.

El gobernador civil responsable quedará prontamente cesado por su exceso de celo.

Otra situación resultará mucho más festiva. «Cuando vino Alfonso XIII a Barcelona, a inaugurar la Exposición de 1929, una mañana apareció vestido de paisano en la antecámara del palacio de Pedralbes —recuerda mi abuelo—. Aquel día no estaba registrada en la agenda palatina ningún acto oficial. Me llamaron por teléfono y en Pedralbes encontré al alcalde, barón de Viver; al marqués de Foronda y al general Milans del Bosch, exclusivamente. El rey nos dijo que quería dedicar la mañana a pasear por las Ramblas como un particular, y que por eso nos había convocado únicamente a nosotros. Yo iba en plan de amigo y para que algún día escribiera una crónica sobre sus impresiones catalanas.»

Recorren la Rambla. El monarca, «fumando un pitillo y con el bastón al brazo, miraba a todas partes con sonrisa eufórica, mezclándose entre el público con gran alarma de Milans —que era gobernador civil— y del jefe del rondín». Recibe saludos y estrecha manos. Una mujer le besa la suya y el rey, levantándola, le besa a su vez la frente. En un puesto de flores le pide a la joven encargada que le ponga el clavel en el ojal, lo que ésta hace «entre una ovación de las demás floristas que se habían acercado rindieron al rey caballero». Ella se niega a cobrarle; al día siguiente «María» recibirá un sobre y un oficio «dando las gracias en nombre de su majestad».

Frente al mercado de la Boquería, divisa a un anciano tocado con barretina que luce una medalla militar en el pecho. El rey se acerca a saludarlo; es el último de los voluntarios que fueron a África con el general Prim. «Després d'això, ja em puc morir satisfet —proclama el hombre—. Visca mil anys nostre senyor», grita a continuación, coreado por muchos ramblistas que se han ido acercando.

«Y el rey, impidiendo que se descubra, le contesta emocionado: "Gracias, pero no te quites la barretina, porque sobre tu cabeza, y las de tus paisanos, está más segura que la corona sobre la mía".»

## La valentía

En sus recuerdos, Pablo Vila San-Juan, finalmente fiel al espíritu de su tiempo, aprecia el hecho de que don Alfonso XIII fuera, en lo personal, «un hombre de valor». Lo demostró en el atentado de París de 1905, cuando el anarquista Arnaud disparó contra él y el presidente Loubet. Allí le dedicó al mandatario francés la famosa frase: «Son gajes del oficio».

Volvió a mostrarlo tras la bomba del día de su boda, el 31 de mayo de 1906, cuando, después de ayudar a la reina a bajar de la carroza destrozada y acomodarla en un «coche de respeto» para ir a palacio, ayudó a los camilleros a recoger a los heridos.

Y, por supuesto, el día del entierro de Eduardo Dato.

Según Pablo, la policía de la capital había sabido con antelación que tres anarquistas catalanes, Casanellas, Mateu y Nicolau, «llevaban a Madrid la consigna y la orden de matar al Rey y a Dato». Descartado el primer objetivo por su dificultad, perpetraron el asesinato del presidente del gobierno en la plaza de la Independencia, donde desde una motocicleta ametrallaron su coche el 8 de marzo de 1921.

Al gobierno, aún en estado de shock, y a los altos jefes de seguridad no les gustó nada que don Alfonso quisiera presidir el funeral. El presidente en funciones, José Sánchez Guerra, le prohibió acudir. Don Alfonso habría exclamado, resolutivo y autoritario: «Aquí no manda nadie más que yo, que soy el rey. ¡He dicho que voy, y voy!».

Ya había pasado por la amarga situación ocho años antes, con motivo de otro magnicidio: el que tuvo como objetivo a José Canalejas, también presidente del gobierno, también hombre de su confianza.

En la descripción deslumbrada de mi abuelo, «el pueblo de Madrid vio con estupefacción primero, con un delirante entusiasmo después, a aquel rey valiente, que erguido detrás del coche fúnebre que conducía a su ministro y amigo a la última morada avanzaba lentamente por en medio de la Castellana». Aquel soberano, «blanco seguro para cualquier malvado, seguía lentamente el rodar de la carroza después de haber ordenado terminantemente que nadie estuviera cerca, ni siquiera a los dos pasos que la etiqueta marcan para el jefe de palacio y del capitán general».

Pablo relata que entre la multitud se hallaba uno de los asesinos de Dato, Mateu, quien llevaba consigo una pistola Star (se la decomisaron algunas horas después), pero «no se atrevió a disparar, fuera por la impresión del momento ante aquel rey valiente y solo, voluntariamente entregado a su destino, fuera por la seguridad de que un linchamiento inmediato le esperaba a su alrededor. Quizá ambas cosas».

## En el exilio

Tras la proclamación de la República, Pablo vuelve a ver a don Alfonso varias veces en su exilio, en el hotel Meurice de París y en «las tardes tristes de Fointanebleau». Allí éste, a su modo de ver, sufrió «además de su nostalgia como monarca, penas íntimas de hijos enfermos y dos muertos, incompatibilidades sentimentales acentuadas por las amarguras de la situación; y dolorosas sorpresas, de ingratitudes insospechadas». La esposa del rey, Victoria Eugenia de Battenberg, harta de infidelidades, abandonó al monarca. Sus hijos Alfonso —hemofílico— y Jaime —sordomudo— renunciaron a sus derechos al trono en 1933, que recayeron así en Juan de Borbón, quinto de los hijos —y tercer varón— de la pareja.

Y sigue recordando mi abuelo que le visitó «luego, en Roma, en el modesto cuarto de un hotel, donde muriera (en 1941) invocando el nombre de España, y depositando en su hijo don Juan la directa y legítima herencia de la Corona que recibiera de sus mayores, bajo el designio histórico, inquebrantable e intransferible, que la Historia y el Derecho han reconocido jurídica, heráldica y políticamente, de rango internacional».

«En estas últimas visitas —continúa mi abuelo—, me pareció otro hombre. Desaparecida la característica sensación de optimismo, de afabilidad, de simpatía arrolladora, que siempre fueron sus dotes maravillosos, don Alfonso era la imagen del hombre vencido, pero no convencido; muy seguro de su propia estimación, de su íntima satisfacción del deber cumplido hasta el sacrificio, de la seguridad de cumplir un destino, tan lleno de dignidad como pródigo en amargura. Hablaba más lentamente, sus gestos no tenían la agilidad energética que comunicaba a su palabra una rotunda afirmación. Sus pasos, en los paseos sobre el asfalto de Roma, no eran las zancadas alegres que me habían asombrado en las Ramblas barcelonesas. Una nube de tristeza cubría su frente; con la misma sutileza con que los grandes pintores subliman las testas de las víctimas, de los mártires y de los injustamente perseguidos.»

El que fuera rey de España contaba únicamente cincuenta y cuatro años en el momento de su muerte, aunque todos le veían como un anciano.

## Valoración de la dictadura

Si el periodo reformista de Eduardo Dato señala, para mi abuelo, el punto álgido del reinado de Alfonso XIII, ¿marcaría la dictadura su declive?

Pablo Vila San-Juan y Primo de Rivera se trataron cuando don Miguel era capitán general de Cataluña, época en que acudía asiduamente al Círculo del Liceo, al que mi abuelo pertenecía y de cuya Junta llegó a ser secretario. La coincidencia de ser ambos gaditanos (el general, de Jérez; Pablo, de Cádiz), fomentó la simpatía mutua. En sus *Memorias de un cronista*, Pablo cuenta que, una noche, cuando le acompañaba caminando desde el Círculo a la cercana Capitanía General, el general le confió que iba a publicar un manifiesto «ante el estado anárquico de huelgas revolucionarias, atracos, atentados y asaltos bancarios que sufría toda España, especialmente Barcelona».

Al comenzar la dictadura primorriverista, a un joven conservador brillante y bien relacionado no le faltaban oportunidades. Pero Pablo, por encima de todo un hombre de leyes, optó por rechazar los distintos cargos públicos que le ofrecía un régimen que comprendía, pero desaprobaba. Algunos viejos amigos actuaron en el sentido contrario. Eugenio Nadal y José María Milá, entre otros, desempeñaron importantes cargos en la Cataluña de la dictadura.

Según el anuario biográfico de 1935 *Prestigios y valores de la España contemporánea*, ya antes del golpe de Estado Pablo había declinado hacerse cargo del gobierno civil de Barcelona y, una vez efectuado, «la dictadura del marqués de Estella llegó a ocasionarle algunas molestias personales por su constante negativa a formar parte de los que ejercían el mando en diversas manifestaciones».

La valoración que cuarenta años después hacía mi abuelo de la acción del dictador jerezano no resultaba positiva. Primo de Rivera había asegurado que su toma de poder «era una letra a los noventa días», pero se mantuvo durante siete años. Causas de su declive y dimisión, según mi abuelo: la permanencia excesiva en el poder; la equivocación de humillar, difamar y denostar a todos los hombres políticos sin hacer excepción de ninguno (aunque luego tuvo que recurrir a civiles como Calvo Sotelo); la equivocación de dirigir un telegrama a los capitanes generales en que solicitaba su adhesión cuando éstos ya no estaban por la faena.

Tampoco se mostró el general acertado en el plano cultural. En marzo de 1924, un grupo de 118 escritores en lengua castellana piden al Directorio Militar que se frenen «las medidas de gobierno que por razones políticas se han tomado acerca del uso de la lengua catalana», argumentando al respecto que «las glorias de Cataluña son glorias españolas». Entre ellos figuran Gregorio Marañón, Ramón Menéndez Pidal, Concha Espina, José Ortega y Gasset, Azorín, Fernando de los Ríos, Federico García Lorca...

Un mes después, un grupo de 98 escritores de Cataluña envía a los «castellans amics» una carta de agradecimiento por su gesto. Entre los firmantes, Angel Guimerà, Apel·les Mestres, Santiago Rusiñol, Joaquim Ruyra, Victor Català, Prudenci Bertrana... Y entre ellos figura también mi abuelo, un andaluz catalanizado.

Don Miguel —escribe Pablo— habría querido ser «un analgésico» en medio del desequilibrio nacional, «y efectivamente la dictadura calmó la nación y en cierto modo la enriqueció con tal calma. Pero los analgésicos calman el dolor, son lenitivos. Y los lenitivos no curan».

## Galería de alfonsinos barceloneses

¿En qué atmósfera se movían los partidarios de Alfonso XIII? En las décadas anteriores a la Guerra Civil, Pablo intimó con las principales figuras del monarquismo catalán. Veamos algunas, empezando por el que fue su líder histórico, el barón de Viver.

Hijo de un político de la Restauración ennoblecido, Darío Rumeu y Freixa se dedicó profesionalmente al Derecho con incursiones en la política hasta aterrizar como concejal en el ayuntamiento barcelonés. Primo de Rivera le nombró alcalde de la ciudad y fue, según parece, un gran alcalde. Prolongó la Diagonal hasta Esplugues, cubrió el recorrido del tren de Sarrià por Balmes, puso en marcha dos líneas de metro, urbanizó las plazas de Cataluña y de España, adquirió los terrenos de la Zona Franca y creó un plan de extinción del barraquismo. Inauguró Radio Barcelona, emisora decana de España. Y fue, sobre todo, el alcalde de la Exposición Internacional de 1929, que lanzó Barcelona al mundo. Además de todas estas iniciativas, o entre medio de ellas, Viver también reorganizó y saneó las finanzas municipales.

Fue un monárquico «con una nota *Ancien Régime*» (según el periodista Santiago Nadal), que consideró el advenimiento de la República y sobre todo su último gobierno como un gran mal. Figuró entre los contadísimos miembros de la oligarquía catalana que estaban al tanto de los preparativos de la sublevación militar del 36, y contribuyó a organizar el fracasado alzamiento en Barcelona.

Para Rumeu la monarquía era «la institución tradicional y natural, indispensable para Cataluña y España». De trato «afable y ponderado» (según Pablo), ejerció la jefatura indiscutida de los monárquicos catalanes y, tras la guerra y hasta su muerte, fue el representante de don Juan de Borbón en Barcelona.

Una de las gestiones que llevó a cabo en esta calidad resulta significativa y muy poco conocida. Viver fue el puente del exilio republicano catalán con don Juan. Tras el final de la Segunda Guerra Mundial, su amigo Claudi Ametlla transmitió al barón la convicción de que el futuro de España no podía ser otro que la monarquía y, sin perder su condición de republicano, se ponía al servicio de la causa. Llevaba la representación de Esquerra Republicana, Acció Catalana y Unió Democràtica, según sus cómputos «el 80 por ciento de la opinión política catalanista del momento». Esa buena relación entre los monárquicos de posguerra y el mundo catalanista se mantendría como marco de actuación, según me confirmó en varias ocasiones el activista e historiador Albert Manent.

En la evocación que Pablo dedicó a Rumeu en sus *Memorias de un cronista,* expone sus coincidencias con él y también sus puntos de distancia.

> Tenía yo ni quince años —escribe— cuando conocí al barón de Viver. Estudiaba en la Facultad de Derecho las primeras disciplinas jurídicas, cuando unos compañeros me llevaron al entresuelo que en la calle de Fernando ocupaba el Grupo de los 14. José María Milá y Camps —luego conde del Montseny— y Darío Rumeu —ya barón de Viver— estaban al frente del grupo; y coincidiendo mis convicciones, y mi voluntad, con los ideales allí representados, pronto fui uno de ellos, intimando especialmente con Darío, hombre de carácter encantador y amplia visión de las cosas y de los hombres.

Una de las primeras acciones simbólicas de «los 14» tuvo lugar cuando el rey visitó Barcelona por primera vez después de su boda «y nosotros, estudiantes, obreros y empleados rodeamos el coche cuyos caballos iban conducidos por sus bridas y a pie por el entonces comandante de caballería don Mariano de Foronda y por el marqués de Masnou».

> Nadie nos podría profetizar entonces —sigue Pablo— que a lo largo de la vida y sin menguar en un átomo nuestra amistad, tendríamos que soportar, sufrir y lamentar las más insólitas circunstancias y los más diversos «climas» políticos en nuestro país. Porque pasados los años, Darío y yo asistimos al desastre social, a la anarquía en la calle y al desbarajuste de toda una ciudad; él, desde su concejalía, y yo, desde mi bufete. Como resultado inevitable, se imponía una operación quirúrgica en el cuerpo nacional que le librase —aunque fuera temporalmente— de la gangrena; y tal operación fue la dictadura de Primo de Rivera, a la que Darío prestó todo su apoyo y entusiasmo. Antes de ella, él pertenecía al partido liberal y yo al conservador; pero al aparecer la dictadura, me distancié de Darío porque, *como hombre de leyes y espíritu independiente, no podía estar conforme con anormalidades políticas,* a pesar de reconocer su episódica necesidad. Todo ello me parece ahora un juego de ingenuos que la Guerra Civil cerró de golpe, volviéndonos a unir estrechamente.

Esta frase, «como hombre de leyes y espíritu independiente, no podía estar conforme con anormalidades políticas», resume el espíritu de mi abuelo.

José María Milá, otro de los fundadores de las Juventudes Monárquicas de Barcelona, hombre de gran energía, industrial y político, durante la dictadura fue nombrado presidente de la Diputación, convirtiéndose en el principal representante del primorriverismo en Cataluña.

Figura muy criticada en ámbitos catalanistas por liderar el desmantelamiento de la Mancomunitat —enorme error del dictador, que precisamente había asumido el poder con el beneplácito de la burguesía catalana—, en el capítulo positivo hizo restaurar el viejo palacio de la plaza de Sant Jaume, hoy de la Generalitat. Bajo la dirección del arquitecto Joan Rubió, restauró la galería gótica, la capilla y el salón de Sant Jordi, la sala de sesiones y las escaleras y paredes del Pati dels Tarongers. Milá consiguió la cesión por parte del Estado de las Cases dels Canonges contiguas; para unirlas al palacio encargó el puente gótico elevado de la calle del Bisbe, que muchos visitantes creen hoy medieval. También encargó la serie de frescos históricos que celebran la aportación de Cataluña a la historia de España que recientemente la Generalitat decidió retirar. Por su fomento de la industria catalana, el rey le concedió el título de conde del Montseny.

Tras la Guerra Civil, José María Milá fue nombrado de nuevo presidente de la Diputación. En una comida oficial con jerarcas franquistas lanzó una frase con retranca que sentó muy mal: «Quien tiene que decir "Arriba España" es el humo de las chimeneas de nuestras fábricas». Fue destituido fulminantemente.

Otro amigo de muchos años de Pablo fue Joaquim Maria de Nadal, el regionalista elegante. Alto, *charmant*, impecablemente vestido, Joaquim Maria de Nadal era la mejor encarnación del prototípico «señor de Barcelona». Hijo de un alcalde de la ciudad, desde muy joven intervino en la vida cultural y política. Impulsó la Juventud Monárquica barcelonesa, y en 1918 participó en la creación de la Federación Monárquica Autonomista, que quería compaginar la fidelidad al régimen con el espíritu catalanista en auge. Al entregarle a Alfonso XIII el acta de constitución de la Federación le dijo: «Nuestra lealtad, señor, no podía consentir que recayese sobre la persona de vuestra majestad ni siquiera la sospecha de que había la más pequeña incompatibilidad entre la monarquía y el regionalismo».

En años de convulsiones, duras luchas políticas y violencia en la calle, Nadal desempeñó el cargo de teniente de alcalde de cultura de Barcelona, derivó hacia la Lliga —que consideraba plenamente compatible con la monarquía— y trabajó como secretario personal de su líder Francesc Cambó, a quien dedicó uno de los libros de su abundante bibliografía. Tras la Guerra Civil fue nombrado, muy merecidamente, cronista oficial de la ciudad.

En cuanto a Mariano de Foronda, segundo marqués de Foronda, hizo la carrera militar en caballería. Personaje resolutivo, instalado en Barcelona desde principios de siglo, se ocupó de la unificación de las distintas compañías de tranvías de la ciudad, cuya diversidad había convertido en caótico el transporte urbano, y se enfrentó con mano dura a las huelgas y a los sindicatos.

Bien relacionado con Alfonso XIII, en 1928 se le nombra director y comisario regio de la Exposición Internacional de Barcelona, a las órdenes directas de la

Presidencia del Consejo de Ministros. El gran éxito de esta iniciativa, concebida como elemento de promoción internacional de España y su monarquía (a la que, sin embargo, no pudo salvar), se debe en buena medida a la eficacia de Foronda.

La exposición, ubicada en la montaña de Montjuïc —que con este motivo fue reurbanizada— y el entorno de la plaza de España, albergó quince palacios, pabellones de más de veinte países y el nuevo recinto del Pueblo Español. El programa de fiestas y actividades resultó inacabable a lo largo de los ocho meses en que permaneció abierta. Desde el primer día la asistencia ciudadana registró llenos nunca vistos. En sus memorias Foronda recuerda la inauguración, a la que acudieron más de 200.000 personas, y cómo el general Primo de Rivera se paseaba «ante todo el pueblo que llenaba la plaza y le aclamaba sin cesar...». Y Foronda se pregunta filosófico: «¿Quién podía suponer que aquella multitud fervorosa, enardecida, había de gritar no mucho después "¡Viva la Republica!"?».

Tras el cambio de régimen el marqués fue denunciado por prevaricación por su actuación como comisario regio, acusación que no prosperó.

## La valoración de Carlos Seco Serrano

En su conjunto, el reinado de Alfonso XIII es aún hoy en día objeto de balances polémicos. A lo largo del tiempo ha recibido numerosas críticas, desde las contemporáneas a cargo de intelectuales como Unamuno («El problema político de España en lo que al régimen hace no es tanto de monarquía cuanto de monarca») hasta las posteriores de un importante elenco de historiadores que van de Manuel Tuñón de Lara a Javier Moreno Luzón.

Se ha achacado al monarca, entre otras cosas, su excesiva afinidad con los militares, y su responsabilidad en la guerra de África —y especialmente en el Desastre de Annual, algo que nunca pudo probarse—. También la tendencia al «borboneo», es decir, al excesivo intervencionismo político. Pero la Constitución de 1876 establecía la soberanía compartida de las Cortes con el rey, otorgándole a éste amplio margen de acción en el terreno ejecutivo y legislativo, además de la facultad de nombrar a un amplio contingente de altos cargos; en los períodos de crisis política, que eran bastante habituales, su actuación resultaba obligada.

Se le ha reprochado la incapacidad de sus gobiernos para integrar a las nuevas fuerzas sociales y sindicales. También su frivolidad en el terreno personal. Pero existe la otra cara de la moneda.

Mientras trabajo en este libro fallece en Madrid Carlos Seco Serrano. Gran figura y maestro de Historia de España contemporánea, nos deja a los noventa y seis años víctima del coronavirus.

Era el más veterano miembro de número de la Real Academia de Buenas Letras de Barcelona, a la que pertenezco. Especialista en el período de la Restauración y la figura de Alfonso XIII, Seco había tratado a mi abuelo Pablo por su mutuo interés en la figura de Eduardo Dato, cuyo archivo tutelaba y a quien dedicó su discurso de ingreso en la Real Academia de la Historia.

Autor de una de las primeras aproximaciones consideradas objetivas a la contienda española (*La República, la Guerra Civil, la España actual*, 1961), Carlos Seco Serrano —hijo de un militar republicano fusilado por los franquistas— recibió el Premio Nacional de Historia en 1986 por *Militarismo y civilismo en la España Contemporánea*. Entre sus obras destacan *María Cristina de Habsburgo y la regencia* (1994); *Historia del conservadurismo español* (2000); la biografía *Alfonso XIII* (2001) y *La España de Alfonso XIII. El Estado. La Política. Los Movimientos sociales* (2002).

Con motivo de la presentación de este último libro, Seco Serrano reivindicó la figura de don Alfonso como rey integrador e impulsor de la reconciliación entre españoles, lejos de la imagen «negativa y tópica» que se ha brindado de su reinado.

Según la crónica publicada en *El País*, en ese acto «el historiador explicó cómo Alfonso XIII tuvo que enfrentarse en los primeros años de su reinado a dos revulsivos: la crisis del 98 y la Primera Guerra Mundial, en la que la neutralidad española "resultó muy fructífera y supuso un enorme impulso económico"; pero también a la situación de posguerra, marcada por acontecimientos como la Revolución rusa o el auge de los nacionalismos, una difícil coyuntura que, entre otros factores, propició la dictadura de Primo de Rivera, vista por una amplia mayoría del país y por destacados intelectuales, así como por el propio monarca, como "una posibilidad"».

A juicio de Carlos Seco, el error fundamental de Alfonso XIII fue «no entender el problema nacionalista ni el auge de las aspiraciones regionalistas que ya estaban en marcha al comenzar su reinado». Sin embargo, el académico resaltó el carácter integrador del rey, «que nunca confundió la monarquía con el país» y que «siempre estuvo muy atento a los que podían brindarle la opinión real por encima de las estructuras oligárquicas de la España oficial».

En esa primavera del año 2002, Seco Serrano programó un ciclo de conferencias en la Real Academia de la Historia, con intervenciones de Julián Marías, Juan Velarde Fuentes y Fernando Chueca Goitia, más la suya propia, y un objetivo: «Huir de la imagen tópica y negativa que con frecuencia se ha dado del monarca; reflexionar sobre el progreso cultural e intelectual en el primer tercio de siglo —las generaciones del 98, del 14 y del 27—; abordar el momento extraordinario que vivían las artes plásticas, y analizar el desarrollo económico». En el marco de la monarquía alfonsina, en efecto, se desarrolló la llamada Edad de Plata de la cultura española, su momento más álgido desde el Siglo de Oro.

Esa visión positiva del primer tercio del siglo —también, obviamente, con sus apuntes críticos— es la que define el libro definitivo de Seco sobre el reinado.

Monárquico y cristiano, sobre su filosofía personal e historiográfica Carlos Seco Serrano manifestaba que entendía «el término "liberal" como lo entendía Marañón; es decir, como una especie de ética, una manera de ser marcada por el respeto al otro, el afán de aproximación y de integración y la creencia en que el fin no justifica los medios». Una definición que el abuelo Pablo seguramente habría compartido.

## Alfonsinos de Madrid

En Madrid, Pablo trató a otros grandes políticos de la monarquía, y en los retratos que hizo de ellos se plasma la valoración política, pero también humana, de la época. Y a la vez de las circunstancias que acompañaron el fin del régimen.

En los días que siguen a la proclamación de la República en abril de 1931, el diario argentino *La Nación* le encarga un artículo sobre el último Consejo de Ministros que presidió Alfonso XIII. Pablo visita, en su casa junto al Retiro, a uno de sus integrantes, don Juan de la Cierva y Peñafiel.

De la Cierva era un personaje autoritario, que, como ministro de la Guerra, se había enfrentado a las Juntas de Defensa Militares; en el campo de las costumbres había impuesto sin que le temblara la mano la impopular medida de cerrar las tabernas a las diez de la noche; y cuando el pedagogo anarquista Francisco Ferrer Guardia fue condenado a muerte por un tribunal militar, se opuso radicalmente a la petición de Eduardo Dato al rey para que conmutase la pena, alegando que una medida así representaría «echar carne a la fiera» y desprestigiar a la Justicia.

En la entrevista madrileña con mi abuelo, De la Cierva «fue tan claro y enérgico como acostumbraba. Pasados los años, yo hoy añadiría que profético y de un nivel de visión inaudito. Me dijo: "No estoy conforme con la salida del rey. Estoy avergonzado por el último Consejo. Son monárquicos de camama. He dicho al rey que yo solo, en Gobernación, yugulo este barullo promovido por cuatro señores por su cuenta y razón. El general Cavalcanti conmigo y sus húsares disuelven en unas horas esa Puerta del Sol llena de gentes que saben que nada les puede ocurrir, porque así se lo han dicho por mucho que griten; yo estoy seguro de que al primer disparo se despejan, queda la Puerta sin un hombre. Pero el rey ha repetido que por su culpa no quiere que se derrame una sola gota de sangre. Creo que está equivocado, a pesar de su hidalguía y patriotismo. Preveo que será esta situación la causante de mares de sangre. Como todo lo de este país, estoy convencido de que es un problema de autoridad y valor"».

¿Qué hubiera ocurrido de escuchar Alfonso XIII a este ministro partidario de la confrontación violenta para salvar el régimen? ¿Se hubiera producido en aquel momento el baño sangriento que el monarca temía? ¿O tal vez simplemente se hubiera aplazado algunos días la caída inevitable? ¿Resulta concebible que no hubiera pasado nada?

Pablo apunta sobre el autoritarismo de su entrevistado que para De la Cierva «España era menor de edad y necesitaba una tutela, de la que eran responsables los gobernantes». Y acota: «Al salir al Retiro, vi como humeaban las iglesias de Madrid, sin que ni un católico fuera a derramar sobre las llamas un vaso de agua».

Muy distinta fue la actitud, en las horas finales de la monarquía, del conde de Romanones. Había sido diputado, alcalde de Madrid, ocho veces ministro, una vez presidente del Congreso y cuatro presidente del Consejo de Ministros. Se trataba de un hombre ingenioso. Proclamaba, con Bismark, «que cuando uno dice que está de acuerdo, en principio, en hacer alguna cosa, quiere decir que no tiene la menor intención de hacerla».

Participó en el último gobierno de «concentración monárquica» del almirante Aznar, y mi abuelo apunta de él con poca simpatía: «Romanones colaboró al fin de la monarquía —él, tan fervoroso adicto a la Casa Real—, formando parte del grupo de intelectuales que recomendaron a Alfonso XIII el exilio». Con un atenuante: cuando el Congreso republicano decidió procesar al rey, «Romanones fue el único diputado que se levantó a defenderle, con tal dignidad, empaque y razones, que hasta sus enemigos le aplaudieron».

## La vida privada de un rey

Una nota sobre la frivolidad y la vida personal. Siempre se había especulado mucho a propósito de la movidísima vida privada de Alfonso XIII, pero los historiadores serios que abordaban su reinado se comportaron generalmente con discreción al respecto —aunque no dejaron de señalarlo— y, en verdad, hasta la publicación de *El bastardo real*, de Leandro Ruiz Moragas, en 2002, no puede decirse que abundara la documentación positiva sobre el tema.

El testimonio del hijo ilegítimo del monarca con la actriz Carmen Ruiz Moragas abrió nuevas puertas a ese territorio que con los años ha dejado de ser chisme para convertirse en historia. Una historia con ribetes shakespearianos, por la propia tragedia española, por la trayectoria biográfica y política del monarca, y por el peso en su entorno familiar de la enfermedad de la hemofilia, compartida con otras dinastías reales europeas de la época.

Mi abuelo, con sutileza pero de forma clara, se había ocupado de esta cuestión en sus memorias periodísticas. Por su jugosidad y encanto reproduzco completo el artículo publicado en *La Vanguardia* el 27 junio de 1971. Las cursivas son mías. Se titula «Un medallón».

> El escándalo social había sido de tal porte que dejaba chiquitito al que hizo famoso al novelista Pedro Alarcón. Todo Madrid —elegante y popular— había rumoreado de ciertos amores entre la diva eminente que en el Teatro Real arrebataba al público primero con *Salomé* y después con *Manon*, en cuya escena de Saint-Sulpice estaba realmente genial, *con el español más conocido de España*. Pero la hermosa artista francesa quiso contestar a rumores y bulos de modo drástico, y la noche de su beneficio, precisamente en la escena de Saint-Sulpice de *Manon* —que cantaba con el gran Anselmi—, lució un enorme medallón de brillantes sujeto al lindo cuello con cadena de oro y esmeraldas, destacando en su centro la efigie *del español más conocido de España*.
>
> Días antes, había yo publicado en un diario madrileño un justo elogio de la eminente tiple, y al darme gracias personalmente quedamos relativamente amigos. Eso fue la causa de que al día siguiente de la exhibición descarada del medallón en el Real, me *llamase persona a la que no podía yo negar nada*, por afecto y respeto, y me encargase que condujera a la célebre diva a la frontera, pues según me dijo no la podía expulsar, ni mucho menos detener oficialmente, pero que dado el escándalo promovido por su impertinencia y los comentarios de la prensa, no podía permanecer ni un día más en Madrid. No se necesitaba haber sido discípulo

de Lavater —el autor de la tisiognomía— para adivinar en el rostro de la deliciosa artista el efecto que le produjo mi visita. Hecha una furia gritó, rompió dos floreros y por último, negándose rotundamente a salir de España, al escuchar de mi parte que el gobierno estaba decidido a ello, tuvo la bondad de pegarme una bofetada, aullando «Pour votre patron», grito que entonces me indignó y hoy, pasados muchos años, recuerdo con cierta nostalgia.

Sin tener el valor que Napoleón admiraba en el hombre de las cuatro de la mañana, que sin gritos ni teatralidad aguanta el frío sin luz, pude dejar a la preciosa francesa en Irún, y automáticamente desaparecieron rumores y chismes. Pero el amor no se cancela con un viaje obligado, y supe que el idilio clandestino había seguido en Biarritz y Arcachon.

Estando en París —muchos años después—, Sacha Guitry, actor ilustre y escritor famoso, me dijo que al pasar por la puerta de la iglesia de Saint Sulpice había observado la presencia de una mujer tapada la cara con tupido velo negro, y en actitud casi de pedir limosna, que le llamó por su nombre. Sacha quedó estupefacto al levantar la dama el velo, y no pudo resistir un grito: «¡Geneviève! ¡Tú!». Cayó en sus brazos desfallecida, y Guitry la condujo al Asilo de Artistas, donde a poco, en plena miseria y tuberculosa, moría la eminente diva que había asombrado a todo el universo. Al registrar sus pobres muebles, Sacha encontró un medallón con la efigie *del español más español de España*, pero sin brillantes y sin cadena ni esmeraldas. Imprudentemente firmado en su dorso, Sacha —que era un caballero— creyó correcto apartarlo de todo lo demás que dejaba la infeliz mujer, y con una tarjeta respetuosa la envió a un hotel de Roma.

> El medallón, reducido escuetamente al esmalte de la efigie, sujetado por una cinta de seda con los colores rojo y gualda, y que llevara siempre —hasta su muerte— la desgraciada artista enamorada, existe todavía como símbolo de un amor tan romántico como prohibido. Yo lo he visto en una casa totalmente española situada fuera de España.

Mi abuelo sabía vestir bien un artículo y sugerir, sobre una anécdota, una buena reflexión entre sentimental —casi folletinesca— e histórica. Pero lo cierto es que, a tenor de lo que él mismo explica, le tocó jugar un papel bastante deslucido poniendo a la dama en la frontera, deduzco que a petición de su protector Eduardo Dato, en esta historia que aún presentaba tintes de la *Belle Époque*.

Menos devota y dócil con los caprichos del monarca fue La Fornarina. Pablo recordaba a Consuelo Bello «alta, arrogante, rubia y simpática». Triunfó en París, rivalizó con Raquel Meller —con quien no se podía ver— y fue una reina del *music hall* que dio vida y realce al cuplé y la danza, con éxitos como *Clavelitos, Adiós, Ninon, Polichinela* o *Las alegres chicas de Berlín*. La Fornarina repitió varias temporadas en el Teatro Barcelona con sus grandes *hits*.

Y pormenoriza mi abuelo: «En una de ellas, coincidió con la presencia en la ciudad *de una altísima persona* que, entusiasmada por la cancionista, quiso cenar una noche con ella. Consuelo, que presumía, a todo trapo, de su inconmovible fidelidad a Cadenas (el escritor y hombre de teatro Juan José Cadenas), dijo a quien le llevara el recado: “Imposible. Lo siento, porque yo soy muy monárquica; pero no tanto”».

## Un final de trayectoria

Pablo Vila San-Juan estuvo muy en peligro al estallar la Guerra Civil española. En los meses de descontrol que siguieron al fracaso del levantamiento militar en Barcelona, recibió un día el aviso de un anarquista al que había defendido como abogado tiempo atrás en turno de oficio. Este hombre le advirtió de que figuraba con carácter destacado en una lista de objetivos y debía apresurarse a huir de la ciudad si quería evitar el fatídico «paseo». Y gracias a esta confidencia salvó la vida mi abuelo, gesto de humanismo y comprensión por encima de las ideologías que marca el final de mi novela *Una heredera de Barcelona*.

Pudo salir en barco hacia Italia, y de allí viajó a San Sebastián, donde pasó la guerra. Incluso en aquel ambiente difícil intentó mantener cierta casi imposible ecuanimidad. En un artículo publicado en el *ABC* de Sevilla en 1938, a propósito de los catalanes, mal vistos como colectivo en el bando nacional, escribió que «el foco más ardiente del separatismo (había residido) en la Puerta del Sol madrileña, con sus debilidades y sus exageraciones despreciativas».

Con la victoria franquista, al abuelo, tal como había ocurrido en el momento inicial de la dictadura de Primo de Rivera, le ofrecieron en varias ocasiones cargos oficiales. Siempre los rechazó. Por su fidelidad al rey exiliado, a quien el dictador Francisco Franco no tenía ninguna prisa por devolver el trono. Y porque, pese a ser un hombre de derechas, se trataba también de un legalista que no estaba a favor de soluciones atípicas, ni de que el ejército arrebatara el poder a los civiles. Fue un moderado en un tiempo de extremismos. Y dejó pasar así la gran oportunidad, que otros aprovecharon, para hacer fortuna beneficiándose de los nuevos vientos.

Pero algo le había ocurrido en la guerra: ya no era el joven abogado enérgico y rápido de antes, o bien ya no se sabía mover como lo había hecho. Y a su bufete los casos no llegaban como solían. En los años cincuenta, la actividad disminuyó al extremo de que tuvo que cerrarlo.

Con los hijos ya crecidos, viudo, inmerso en un segundo matrimonio desdichado, se vio obligado a reactivar como primera fuente de ingresos la que durante mucho tiempo había sido una actividad complementaria. Volvió a ganarse la vida a golpe de pluma. Buenos contactos no le faltaban. Era un hombre culto, con muchas vivencias y una clara querencia por la prosa sentimental. De forma sorprendentemente rápida, con más de sesenta años, se hizo de nuevo un hueco entre los primeros columnistas de Barcelona. Hoy diríamos que supo reinventarse a sí mismo.

Una cosa me satisfizo: de los centenares de textos suyos que repasé, y que mi abuelo publicó en años de censura y servilismo, en ninguno encontré una sola mención positiva al general Francisco Franco.

Pablo Vila San-Juan falleció en 1982. En los últimos años de su vida, ya octogenario, recibió grandes premios periodísticos, como el Godó Lallana y el Ciudad de Barcelona, debidos sin duda a su buen hacer, pero también al afecto de viejos compañeros que tenían influencia en los jurados y querían echar un cable económico al anciano y arruinado articulista.

Pocas semanas antes de su fallecimiento fui a verle a la clínica donde pasó los dos últimos años de su vida, gracias al entonces generoso seguro de la Asociación de la Prensa. Me acompañaba mi primo Pepus, también periodista, con quien yo trabajaba entonces, y su compañera Tote. Los dos aportaban la estética hippiosa del momento, mi primo con sus barbas hasta la barriga, ella con camiseta blanca y un peto tejano.

Pepus se acercó a la cama y le dijo:

—Mira, abuelo, te presento a mi mujer, nos acabamos de casar.

Nuestro patriarca, como sacudido por un latigazo, incorporó el débil cuerpecillo en pijama y cogió la mano de Tote, levantándola hasta sus labios y besándola, mientras exclamaba con toda seriedad, como si estuviera en un palacio de los años veinte con cualquier duquesa, y no en un hospital barcelonés, muy enfermo, junto a tres veinteañeros contraculturales:

—¡A sus pies, señora!

Tote, Pepus y yo nos miramos asombrados. Mi abuelo, Pablo, el gentilhombre.

### RAZONES PARA SER MONÁRQUICO CON ALFONSO XIII

Para mi abuelo, un conservador moderado con inquietudes sociales, que creía en el progreso ordenado, Alfonso XIII había encarnado la posibilidad de modernizar España, mediante una «revolución desde arriba», con su mentor Eduardo Dato al frente de un ambicioso proyecto de reformas que el monarca compartía y auspiciaba. La violencia política y el error de aceptar la dictadura de Primo de Rivera frenaron esta ambición.

Alfonso XIII, bajo esta perspectiva, fue un reformista, parcial pero no completamente frustrado en sus objetivos. Que tuvo tras él a muchos que creyeron, como Burke, que para el bienestar de un país es más recomendable un programa escalonado de mejoras, a partir de las instituciones consagradas por el tiempo, que una revolución, con el vendaval destructivo que inevitablemente acarrearía. Todo ello en un marco general de liberalismo acosado por tendencias extremistas. Y de una sociedad que se estaba transformando rápida y radicalmente, en consonancia con el ritmo histórico del primer tercio del siglo XX.

No me cabe duda de que Pablo, gentilhombre de cámara del monarca —un honor que disfrutó y que supo apreciar—, hombre de mundo al fin, estimaba también el carácter ritual, la brillantez social, el formato solemne que la institución monárquica aportaba, y que la enlazaba a través de las categorías del protocolo y los grandes escenarios reales con muchos siglos de historia de España.

En lo cultural mi abuelo se admiró, como el historiador Carlos Seco Serrano, con la vivacidad literaria, teatral y artística de esa Edad de Plata que se desarrolló durante la monarquía alfonsina, a cuyos protagonistas trató y a quienes dedicaría muchos de sus artículos. Y en lo personal, le impresionaba de don Alfonso su valentía y el desparpajo social que lo hacía popular y querido (al menos en ciertos ámbitos).

También apreció el hecho de que Alfonso se apartara voluntariamente del trono en abril de 1931 y no siguiera el consejo de resistencia numantina que le ofrecían consejeros como De la Cierva, y que podía haber generado un baño de sangre inmediato.

Entiendo que en el juicio sobre la vida privada de Alfonso XIII, que podría resultar muy duro por su volubilidad inveterada en momentos complicados para el país, mi abuelo, sin que la aprobase, sí la disculpaba como una debilidad más o menos propia de las élites —masculinas— de su época. Nuestra mirada actual en este terreno probablemente no sería tan indulgente.

# 2. Juan III en Arenys de Mar

Mi padre estaba emocionado y eufórico aquella mañana de agosto de 1967 en Arenys de Mar, la localidad del Maresme barcelonés donde veraneábamos.

—Hoy —me dijo solemne durante el desayuno— el conde de Barcelona pisará por primera vez su condado.

Aquel día, en efecto, estaba previsto que don Juan de Borbón atracara en el puerto deportivo de Arenys su *Giralda*, un velero de dos mástiles y casi dieciséis metros de eslora, con el que navegaba habitualmente aquellos años. No había estado en Barcelona desde 1929, y por aquel entonces el título de conde de Barcelona correspondía al monarca reinante.

La excusa era que tenía que abastecerse. En realidad, se trataba de una visita preparada con cuidado por sus asesores para generar simpatía hacia el hijo de Alfonso XIII en el ámbito catalán.

Mi padre, José Luis Vila-San-Juan (en mi familia todo el mundo coloca los guiones de nuestro apellido compuesto de forma diferente, aunque esta es otra cuestión que nos apartaría del tema que tratamos; mi padre lo cambió respecto al abuelo, yo lo modifiqué respecto a ambos...); mi padre, digo, figuraba entre el reducido comité que le dio la bienvenida en la pasarela. Como miembro de la Junta Directiva del Club Náutico —aunque nunca navegó, le gustaba el ambiente de la institución, así que se encargaba de la revista y de las relaciones institucionales—, acompañó al ilustre visitante hasta el edificio del club, donde se le brindó un aperitivo informal y, unas horas más tarde, una cena de agasajo con los notables locales.

Al fotógrafo de la entidad se debe una foto de mi progenitor con don Juan, ambos vaso en mano, que siempre conservó, dedicada y enmarcada, y que utilizó después en algunos de sus libros. Yo también realicé con mi Kodak Instamatic de niño algunas imágenes de la visita, que conservo.

Fue aquél un día importante para mi padre, ya que, según escribió, «para mí don Juan de Borbón, desde la abdicación en él de su padre, S. M. don Alfonso XIII, siempre fue *S. M. don Juan III*».

## Una larga pugna

En 1944, un Francisco Franco en la cumbre de su poder escribía a don Juan, entonces instalado en Lausana, recordándole de forma agria algunas cosas: «a) La monarquía abandonó en 1931 el poder a la república.

b) Nosotros nos levantamos contra una situación republicana. c) Nuestro movimiento no tuvo significación monárquica, sino española y católica. d) (El general) Mola dejó claramente establecido que el movimiento no era monárquico [...] Por lo tanto, el régimen no derrocó a la monarquía ni está obligado a su restablecimiento». Con ello sentaba la base de una advertencia, la de que «sólo una absoluta identificación con él y con su régimen permitiría llegar a la restauración monárquica», en palabras de Pedro Sainz Rodríguez, el influyente consejero del heredero de la corona en aquellos años.

Las cartas estaban sobre la mesa. Durante la Guerra Civil, un Juan de Borbón de veintitrés años había intentado incorporarse dos veces, sin que el Generalísimo lo permitiera, al ejército nacional.

A lo largo de los decenios siguientes, el pulso entre Franco y el hijo de Alfonso XIII pasó por varias etapas. La primera réplica del pretendiente vino con el Manifiesto de Lausana de 1945, que aspiraba a beneficiarse de los nuevos aires internacionales que emanaban de la derrota del nazismo. «Sólo la monarquía tradicional puede ser instrumento de paz y concordia para reconciliar a los españoles; sólo ella puede obtener respeto exterior, mediante un efectivo estado de derecho. [...] Quiero recordar a quienes apoyan el actual régimen la inmensa rebeldía en que incurren, contribuyendo a prolongar una situación que está en trance de llevar al país a una irreparable catástrofe», proclamaba don Juan.

Dos años más tarde, Franco promulgaba la Ley de Sucesión, que le confirmaba como jefe del Estado

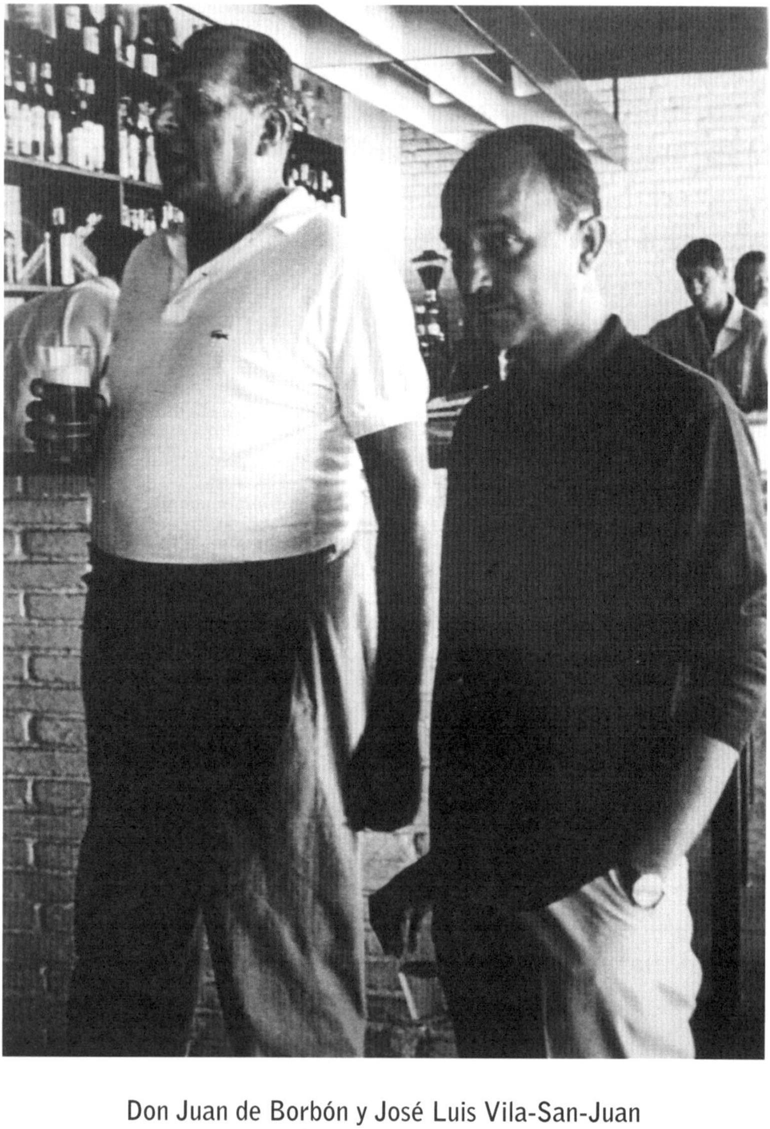

Don Juan de Borbón y José Luis Vila-San-Juan
en el Club Náutico de Arenys de Mar,
agosto de 1967.

vitalicio y le otorgaba el poder de designar sucesor. El segundo *Manifiesto* del pretendiente, lanzado ya desde Estoril, reaccionaba a todas estas pretensiones recordando que «la monarquía hereditaria es, por su propia naturaleza, un elemento básico de estabilidad» y reafirmando en consecuencia «el supremo principio de legitimidad que encarno». Los dos manifiestos de don Juan de Borbón, de 1945 y 1947, invitaban a los monárquicos a comportarse como demócratas.

La partida fue áspera. Don Juan siempre se negó a la «absoluta identificación con Franco y con su régimen» que se le reclamaba. A cambio, a partir de la entrevista con el dictador en el yate *Azor* en 1948, accedió a que su hijo Juan Carlos se educara en España. Pero, al mismo tiempo, se publicitaba como alternativa democrática al franquismo, especialmente de cara a las potencias vencedoras de la Segunda Guerra Mundial. La alternativa juanista inspiró incluso alguna conspiración militar, tal como han documentado Jesús García Calero y Juan Fernández-Miranda en su libro *Don Juan contra Franco*. El general gallego, por su parte, «siempre consideró al heredero de la línea dinástica su rival principal», según escribió el historiador Javier Tusell. En 1967 la partida aún no estaba decidida.

## Juanistas de posguerra

En casa de los Vila San-Juan, la militancia monárquica también se había transmitido de padres a hijos. Mi abuelo, como se ha visto, nunca la abandonó, aunque albergara una visión reticente sobre el final del reinado de don Alfonso. Mi padre y sus hermanos en buena medida la compartieron. En fecha tan temprana como 1941, mi tío Juan Felipe había participado en un incidente que trajo bastante cola en la Facultad de Derecho. En las clases se pasaba lista al grito, por parte del delegado del Sindicato Español Universitario —el falangista SEU—, de «¡Arriba España!». Mi tío y dos compañeros gritaron «¡Viva España!», que era la consigna monárquica, y añadieron: «¡Viva el rey!». Se organizó una buena. Por este y otros episodios, Juan Felipe resultó expedientado, como lo fue, por no haber impedido que ocurriese, el falangista encargado del Distrito Universitario de Barcelona, Josep Espriu, hermano del poeta Salvador Espriu.

En Barcelona, la actividad dinástica de posguerra estuvo marcada por el liberalismo y el antifranquismo, con frecuentes acciones conjuntas con los catalanistas. Si en la época de Alfonso XIII el monarquismo catalán estuvo liderado por políticos y empresarios, durante el franquismo sus hombres claves son intelectuales y periodistas.

José Luis Vila-San-Juan no fue estrictamente un activista, pero estuvo en contacto y excelente sintonía con personas que sí lo eran. Entre quienes acudieron a recibir a don Juan al puerto de Arenys figuraban al menos dos personas con las que tenía muy buena relación.

Una de ellas era Santiago Nadal, el periodista monárquico catalán por excelencia durante la larga época de Franco. Hijo de Eugenio Nadal Camps —compañero de mi abuelo en la revista *Acción* y coautor con él del libro juvenil sobre Dato—, durante los años de la República, Santiago, mayor que mi padre, había participado en la Peña Blanca, única fuerza, casi testimonial, que acogía a los monárquicos alfonsinos del momento, radicalmente contrarios al nuevo régimen e influidos por las doctrinas tradicionalistas del pensador francés Charles Maurras.

Tras pasar la guerra en el bando nacional, de vuelta a Barcelona, Santiago Nadal se incorporó a *La Vanguardia*, donde muy pronto dirigió la sección de política internacional. La experiencia de la vida y de dos guerras atenúa el derechismo de su juventud y le encauza hacia el liberalismo.

Su postura aliadófila y sus buenos contactos con los servicios diplomáticos del área antinazi le valieron serios enfrentamientos con el director impuesto por Franco, Luis de Galinsoga. La protección del editor, conde de Godó, le permitió mantener sus criterios, aunque Galinsoga le impuso firmar durante años sólo con las iniciales.

Por uno de sus artículos, «Verona y Argel», Nadal fue detenido y maltratado por elementos falangistas, que primero le pelaron al rape y luego le internaron en la Cárcel Modelo. El gobernador civil Correa Veglison pidió a Carlos Godó que le expulsara de la redacción, a lo que éste se negó. Josep Pla, amigo del represaliado, solicitó al alcalde franquista de la ciudad, Miquel Mateu, que interviniera a su favor, lo que éste hizo con éxito. Nadal fue liberado. Tras la Guerra Mundial, recibió condecoraciones de los gobiernos francés e inglés por su probada actitud aliadófila.

En los años siguientes, Santiago Nadal conspiró activamente a favor de don Juan, redactando publicaciones clandestinas contra Franco, a menudo con la ayuda del escritor José Luis de Vilallonga. Pronto formó parte del Consejo Privado creado por el conde de Barcelona, con asesores de toda España. Nadal pensaba que la monarquía tenía que abarcar a todas las fuerzas políticas que, no teniendo juego bajo el franquismo, representaban elementos de futuro. En los años cincuenta se aproximó a menudo a la resistencia catalanista y produjo y distribuyó octavillas clandestinas antifranquistas junto con Albert Manent.

Frente a distintas propuestas de colaboración de los monárquicos con el régimen, Nadal defendió siempre la estricta oposición a Franco y se mantuvo a favor de la continuidad en la línea dinástica. Es decir, que a Alfonso XIII debía sucederle Juan III. La Ley de Sucesión de 1969, que se saltaba un eslabón de la cadena pasando la corona a Juan Carlos, le representó un mal trago.

«Sus convicciones monárquicas, sus ideas democráticas, su fidelidad a las personas reales han sido mantenidas con una convicción profunda y con un espléndido desdén por las consecuencias que pudieran tener. Su calidad intelectual, patriótica y política ha sido de primer orden», escribió a su (temprana) muerte Néstor Luján.

Otro juanista presente aquella tarde veraniega en Arenys de Mar, buen amigo de mi padre, en realidad un íntimo desde la infancia, era el político, escritor, *bon vivant*, promotor de actividades teatrales, productor de cine, miembro de la *gauche divine*, crítico taurino y sal de todos los guisos, Antonio de Senillosa. Conocido como el Seni, fue una figura llena de color para unos tiempos grises, y un monárquico de piedra picada que vio plenamente cumplidos sus objetivos.

Ya durante sus estudios de Derecho en los años cuarenta había protagonizado, como mi tío Juan Felipe, distintas broncas contra el grupo falangista que dirigía Pablo Porta, posteriormente gran jerarca del fútbol español. En aquella facultad, el Seni se aproximó al grupo literario de Carlos Barral, Jaime Gil de Biedma, Manuel Sacristán, Alfonso Costafreda y otros atípicos que la frecuentaban. «Inquieto, lleno de rebeldías, solidario y dinámico», le definió el socialista Joan Reventós.

Detenido por repartir el segundo manifiesto de don Juan en 1947, Senillosa no dejó de conspirar. Formó parte, con Santiago Nadal y Félix Valls Taberner, del secretariado político del pretendiente en Barcelona. En 1957 fue encarcelado veinte días. En 1962, cuando se cocía el «contubernio de Múnich», organizó el traslado de un grupo de políticos sin pasaporte a Francia a través de la montaña. Él mismo no dudó en asistir a aquel IV Congreso del Movimiento Europeo, que acogió a más de un centenar de líderes antifranquistas de todas las tendencias en la ciudad alemana. Esta participación le valió algunos meses de extrañamiento en Fuerteventura.

A fines del franquismo, José María Areilza, conde de Motrico, era el político monárquico español a quien se consideraba como mejor posicionado para una nueva etapa, y Senillosa, su hombre en Barcelona. Tras la muerte del dictador se comentó mucho que el Seni ya tenía el chaqué preparado para desplazarse rápidamente a Madrid y jurar como ministro cuando el rey Juan Carlos I nombrara a Areilza presidente del gobierno, algo que se daba por hecho. Pero Juan Carlos prefirió a

Adolfo Suárez y Antonio se quedó sin ministerio, y con su chaqué en el armario.

Durante la Transición, el Seni movió a fondo su *charme* y su capacidad de empatía para sumar consensos y poner en relación a los distintos grupos opositores. En 1977 afirmaba que, de la monarquía, en el futuro, «quedará su legitimidad, porque habrá realizado el desmonte del franquismo con orden y rapidez». Contribuyó a crear el Partit Popular de Catalunya (que no es el PP actual) y, cuando se preparaba el debate sobre el Estatuto de Autonomía en el Congreso, hizo de puente con Manuel Fraga para acercar posturas con los representantes catalanes.

Vivió el 23F como diputado y salió bienhumorado y locuaz de la larga noche en el Congreso, luciendo una vistosa bufanda roja y declarando que los asaltantes «eran unos iletrados».

Ni siquiera obtuvo escaño como cabeza de lista del CDS suarista en Barcelona en 1983, pero el PSOE le consoló con una dirección general de relaciones culturales en el Ministerio de Asuntos Exteriores, que constituyó su canto de cisne político.

## En Montserrat y Barcelona

En los dos días de agosto de 1967 que don Juan de Borbón mantuvo atracado el *Giralda* en el puerto de Arenys, aprovechó para desplazarse hasta Montserrat, el santuario simbólico del catalanismo, donde fue recibido por el abad dom Cassià Just, el padre prior dom Maur Boix, y la comunidad benedictina en pleno. Asistió en la basílica a misa, y al canto del *Salve Regina* y del *Virolai*. Y por supuesto besó a la *Moreneta*.

«Resultó muy acertado que la primera visita en Catalunya fuera a Montserrat», señala en un texto inédito hasta ahora otro de los juanistas presentes, el galerista Joan Anton Maragall, hijo del poeta Joan Maragall y propietario de la veterana Sala Parés.

Maragall había sido presentado al pretendiente en Estoril por el abogado Ramon Guardans, casado con la hija de Francesc Cambó. En la localidad portuguesa, cuenta el galerista, «tuvimos una conversación muy larga en la que expuse a don Juan aspectos políticos y culturales de la vida catalana; vi que estaba muy informado. A partir de aquel momento, don Juan manifestó hacia mí confianza y amistad. Y eso hizo que yo tuviera que volver a Estoril varias veces». Fue incorporado al Consejo privado y por ello ejerció de cicerone en la importante visita catalana.

«También fue muy adecuado el discurso del padre Abad, después de la comida, en el que se refirió a la Celebración Eucarística de la que todos habíamos participado», continúa este testimonio. Dom Cassià ligó la ceremonia y el propio almuerzo compartido, «como es habitual en el convento», con la proyección de un pasado, un presente y un futuro: «El pasado, por la estrecha vinculación de los monarcas españoles al monasterio y por la devoción que sus antecesores habían mostrado, como quedó patente en el libro de honor de los visitantes. El presente lo significaba la presencia de don Juan allí. Y en cuanto al futuro, el padre Abad dijo desear que una nueva visita tuviera ya carácter de permanencia institucional, dentro de un espíritu de libertad, de justicia, de hermandad y de paz, que era lo que necesitaba el país».

A las diplomáticas pero transparentes palabras del hombre de Montserrat, don Juan —sigue Maragall— contestó «muy brevemente, agradeciendo las referencias del pasado y dijo que el porvenir no dependía de él, pero que lo ponía totalmente en manos de Dios, por tal de convertir en realidad los anhelos mencionados por el padre Abad».

Esta visita, segunda que el pretendiente hacía al monasterio —había estado allí una vez bastantes años antes—, desde luego no era baladí. Varios reyes de España habían subido a la Santa Montaña. En el Libro de Honor donde firmó como «Juan. Conde de Barcelona», figuraba la rúbrica de su padre Alfonso XIII. El propio título condal que utilizaba era el de más rango entre los títulos históricos de soberanía de la Casa Real española en Cataluña (por delante de los de conde de Rosellón y de Cerdaña, marqués de Lérida y conde de Urgel).

Ya en Barcelona, don Juan recorrió el Barrio Gótico: coro de la catedral, capilla de Santa Agueda, salón del Tinell, plaza del Rey «y la calle de los condes de Barcelona, que lleva su nombre».

Por la noche, el barón de Viver le ofreció una cena en su finca de Argentona «el Viver», posesión de ensueño con cedros del Himalaya y jardines diseñados por Rubió y Tudurí. Para el veterano político monárquico, tener a su rey cenando en casa constituyó un momento cumbre de su trayectoria.

Estaban allí presentes el capitán general, duque de la Victoria, y el gobernador civil de Barcelona, Tomás Garicano Goñi, a quien Maragall elogia «por su comprensión del problema catalán y de la anómala situación en la que estábamos todos metidos».

Las primeras autoridades de la Cataluña franquista prefirieron mostrarse atentas al evento, para poder pasar el correspondiente informe. Incluso aportaron vigilancia de la Guardia Civil. Según el galerista, tanto el capitán general como el gobernador civil «quedaron fuertemente impresionados del conocimiento de los problemas políticos, sociales y económicos que don Juan tenía, especialmente en cuanto a esta región».

Al acabar el pretendiente regresó a dormir al *Giralda*.

A lo largo de estas jornadas, don Juan tuvo la oportunidad de entrevistarse con otros seguidores locales, como el sabio Ramon d'Abadal i Vinyals, perteneciente a una familia de terratenientes cultos de Osona. Tras estudiar Derecho, Abadal se había dedicado a la historia medieval, bajo el magisterio de Jordi Rubió i Lluch. Vinculado a la Lliga en su juventud, trabajó para la Mancomunitat y fue director del diario *La veu de Catalunya*. Tras la Guerra Civil publicó su monumental estudio *Catalunya carolingia*, convirtiéndose en la primera autoridad sobre la Alta Edad Media catalana y, como resultado de ello, en uno de los tres españoles miembros del Collège de France.

También en la posguerra este catalanista conservador había acentuado su antiizquierdismo, alineándose con las posturas favorables a la Restauración monárquica. Entró a formar parte del Consejo privado de don Juan de Borbón, del que se convierte, en la primera mitad de los años sesenta, en uno de sus miembros más activos, remitiendo al pretendiente numerosos informes y documentos. «Creo en la monarquía porque no pienso que el país tenga vocación suicida [...]. A don Juan de Borbón, jurídicamente lo veo como una tradición de legalidad: personalmente, como una garantía de capacidad», le diría en 1967 a Baltasar Porcel.

Un personaje con pedigrí cultural, el historiador y filólogo barcelonés Martí de Riquer, figuró entre los profesores del entonces príncipe Juan Carlos de Borbón por sugerencia de Torcuato Fernández Miranda, director de su programa de estudios. Las clases tuvieron lugar entre 1960 y 1962, en el palacete donde vivía entonces Juan Carlos en El Escorial, conocido como «la casita de arriba». Eran dos lecciones semanales de literatura clásica española hasta llegar al *Quijote*. Riquer cuenta que le resultaba violento decirle al príncipe que la clase acababa. «Entonces adoptamos el procedimiento siguiente: pasados tres cuartos de hora del inicio de la clase, un ayudante dejaba entrar a un perro en la habitación, y esa era la señal que nos avisaba de que teníamos que ir terminando.»

Riquer y su esposa habían asistido a la boda del príncipe en Atenas, en mayo de 1962. El escritor, que según sus biógrafas Cristina Gatell y Glòria Soler tenía «una visión muy historicista de la monarquía», fue nombrado en 1966 por don Juan de Borbón miembro del Consejo privado, donde no desarrolló una participación muy activa. Aquéllos fueron años de tensión entre los partidarios de don Juan, exiliado en Estoril, y los de su hijo, que se encaminaba a la sucesión bendecida por el dictador Franco. Riquer participó en varios homenajes que se le hicieron al conde en Barcelona, y figura entre los convocantes de una cena prevista en el hotel Ritz para el 27 de junio de 1968 que fue prohibida por orden gubernativa. En julio de 1969, tras la aprobación de la Ley de Sucesión y la consiguiente aceptación de Juan Carlos, don Juan disolvió su Consejo. El historiador catalán figuraría entre los senadores reales en las Cortes Constituyentes de 1977 nombrados por Juan Carlos I.

Otra figura del grupo era José Luis Milá Sagnier. Abogado, hijo mayor del político José María Milá —el monarquismo siempre tuvo algo de *family affair*— y heredero del título de conde del Montseny, hizo la guerra en el bando franquista con el tercio de Montserrat. Rápidamente desengañado con el franquismo, se había lanzado a conspirar.

Su iniciativa más destacada, a principios de los años cincuenta, fue la publicación de la revista monárquica *La Víspera*, que auguraba la caída del régimen y la próxima coronación de don Juan como rey de España. El primer número ofrecía un artículo sobre la huelga de tranvías de 1951, y reproducía fragmentos de los dos manifiestos de don Juan en que exigía la restauración de la monarquía y las libertades democráticas en España. Otro número difundía la carta que algunos generales habían enviado a Franco en 1943 para reclamar la restauración monárquica.

La tirada rondaba los cinco mil ejemplares. La Brigada Político Social de Barcelona puso fin a la aventura interviniendo la imprenta y deteniendo a Milá, que tras dos noches en comisaría fue puesto en libertad. Un año y medio más tarde, él y el impresor fueron juzgados por propaganda ilegal e injurias al jefe del Estado. Le condenaron a cuatro años, que nunca cumplió. El impresor resultó absuelto. Posiblemente las condenas a los monárquicos no fueron comparables en dureza a las que cayeron sobre otros sectores de la oposición clandestina, pero existieron.

Algunos personajes de mis novelas *Estaba en el aire* y *El informe Casabona* son juanistas, en la línea de mi tío Juan Felipe, del Seni y de Milá, que conspiran en la medida de sus posibilidades, llevan la insignia JIII en la solapa y visten con orgullo la corbata de color VERDE (anagrama de Viva El Rey De España).

Jaime Gil de Biedma, que pronto optó por guisos políticos más especiados, ironiza suavemente sobre el grupo en sus diarios: «Las formas posibles de disidencia ideológica eran, pues (en los años cuarenta), muy escasas —escribe—. Había, claro, la nostalgia juanista, que para un burguesito curioso resultaba muy poco estimulante porque era igual que no salir de casa». El autor de *Poemas póstumos* relata que, tras otra trifulca entre falangistas y monárquicos en la universidad, un grupo de jóvenes juanistas fue a visitar al barón de Viver en su despacho del Banco Central. «Nos recibió muy formalmente, nos dio la mano a cada uno, nos tomó a todos en serio, pronunció un breve *speech*. Estuvo bien. Pero luego, cuando nos apelotonábamos en la puerta al salir, nos dio recuerdos para nuestros padres y aquello fue absolutamente anticlimático.»

No me consta que Ignacio Agustí viera a don Juan en esos días de 1967, porque para entonces ya se había distanciado del pretendiente, pero vale la pena mencionar aquí al escritor, con quien mi padre se encontraba en las tertulias de la librería Argos del paseo de Gracia, que era de su propiedad.

El autor de *Mariona Rebull* (1913-1974), gran superventas de los años cuarenta, fue corresponsal de *La Vanguardia* en Ginebra y en la segunda mitad del decenio estuvo muy próximo a los círculos juanistas. En 1949 envió a los consejeros de don Juan una lista con los siete puntos que en su opinión los catalanes necesitaban ver realizados para abrazar la causa monárquica.

Según Sergi Doria, biógrafo de Agustí, esos puntos eran: el reconocimiento oficial de la lengua catalana; la creación de una Universidad de Altos Estudios Catalanes; el restablecimiento de la Mancomunitat; la protección efectiva de la industria catalana; la representación en el Consejo de Estado; el control de migración (sic) a la zona catalana «para evitar la superpoblación de Cataluña a costa del resto»; por último, «el príncipe de Asturias debe poder leer y escribir en catalán». En tiempos posteriores, los entusiasmos monárquicos de Agustí se enfriaron, mientras que su franquismo —sobre todo a través de su relación con el ministro franquista Manuel Fraga Iribarne— se intensificó, lo que arrojó amplios elementos de controversia sobre su trayectoria final.

Pero reflexiones de este estilo fueron planteadas con cierta regularidad por los monárquicos catalanes al heredero entre los años cuarenta y sesenta.

El viernes 18 de agosto por la mañana, con don Juan al timón, el *Giralda* levaba anclas para dar fin a su crucero por el Mediterráneo con una escala en Mahón y tomar rumbo a Portugal, donde residía el pretendiente.

## Un héroe trágico

La biografía de don Juan de Borbón reúne elementos propios de un héroe trágico. El principal fue ver como la corona de España pasaba de su padre a su hijo, sobrevolando una república, una guerra y una dictadura, sin que su esfuerzo por asumirla y adecuarla a los tiempos cambiantes fructificara. Pero hay otras tragedias: la muerte de su hijo pequeño Alfonso en un confuso accidente con una pistola que manejaba su hermano Juan Carlos, el largo distanciamiento con éste y el momento terrible en que don Juan, en el bar de un puerto portugués, ve por la televisión como las Cortes proclaman a su hijo príncipe de España y sucesor a título de rey en la jefatura del Estado. Tras ese episodio, y hasta su abdicación en 1977, existen en puridad dos reyes diferentes para los monárquicos españoles, aunque don Juan recomendaba a quienes iban a verle que ayudaran a Juan Carlos «con todas vuestras fuerzas».

En cuanto a la relación de Franco y don Juan, al final el peso de la historia se impuso sobre ambos. Don Juan aceptó que el restablecimiento de la monarquía pasara por encima del principio hereditario que encarnaba; Franco murió sin saber que ese restablecimiento implicaría el desmontaje del sistema político que había creado y la restauración de la democracia en España.

A la muerte de don Juan de Borbón en 1988, Antonio de Senillosa publicó en *La Vanguardia* el artículo «Enseñar a ser rey», del que entresaco tres párrafos.

Nadie medianamente informado se atreverá a negar que sin su patriótica actitud a España le hubiera sido difícil acceder a la democracia con tan poco gasto. Recuérdese aquel doloroso manifiesto de Lausanne, el 19 de marzo de 1945: «Quiero recordar a quienes apoyan el actual régimen la inmensa responsabilidad en que incurren contribuyendo a prolongar una situación que está en trance de llevar al país a una irreparable catástrofe».

A partir de aquí un monárquico ya no podía ser franquista ni colaborar con el régimen. Su lugar estaba en la oposición, activa o pasiva, eso ya era cuestión de arrestos.

«La monarquía puede ser instrumento de paz y de concordia para reconciliar a los españoles; sólo ella puede obtener respeto en el exterior mediante un efectivo Estado de derecho», escribió don Juan de Borbón. Y así ha sido exactamente.

## Un niño de la guerra

Volvamos a 1967. Cuando tuvo la oportunidad de cruzar algunas palabras con don Juan de Borbón en el Club Náutico de Arenys de Mar, mi padre se hallaba en un momento clave de su vida profesional. Había desarrollado hasta entonces una carrera de publicitario en el grupo empresarial liderado por Jaime Castells, un pilar de la gran burguesía catalana. Tuvo algún éxito resonante, como el programa de radio *Rinomicina le busca*, que encontraba personas desaparecidas y acabó siendo prohibido por sus referencias a la Guerra Civil española, un episodio que relaté, permitiéndome algunas alteraciones, en mi novela *Estaba en el aire*, premio Nadal 2013.

Pero José Luis tenía vocación literaria, la publicidad de antigripales de los laboratorios Funk y embutidos de La Piara ya le aburría un poco, y en esa segunda mitad de los años sesenta había empezado a realizar, en sus horas libres, algunos trabajos para el editor Alfredo Herrera, propietario del sello AHR. El más destacado fue la documentación para el volumen *Comentarios a mil imágenes de la Guerra Civil española*, con textos del poeta gaditano y hombre del sector liberal del régimen José María Pemán, que constituyó un *best seller*.

Ultimado el encargo, mi progenitor decidió seguir investigando sobre el tema del conflicto español, tan decisivo en su propia vida, ya que generacionalmente era un arquetípico «niño de la guerra», que, entre otras vicisitudes, había vivido en 1936 una salida traumática de Barcelona pensando que su propio padre estaba muerto (cuando mi abuelo tuvo que escapar a toda prisa ante la amenaza del «paseo» faísta, decidió con mi abuela que ésta explicara que había fallecido para que los responsables de visados se apiadasen y facilitar así la salida del resto de la familia. Se lo dijo también a sus hijos para asegurar la verosimilitud de la operación. Mi padre y sus hermanos dejaron la ciudad llorando y vestidos de luto).

El interés de José Luis Vila-San-Juan por estas materias cristalizó en el libro *¿Así fue? Lo que no sabíamos de la Guerra Civil española*, que, entregado en otoño de 1971, tras pasar dos años «congelado» en la Dirección General de Información —no sometido a censura previa, al editor se le dijo que, si lo publicaba tal cual, sería secuestrado—, fue objeto de negociación tras un cambio de responsable ministerial, sufrió sustanciosos cortes, llegó a las librerías y figuró entre los más vendidos en España durante el año 1973.

*¿Así fue?* iluminaba capítulos poco conocidos del conflicto: la muerte del general Sanjurjo; por qué fracasó el alzamiento en Cataluña (el enigma del general Goded); el Oro de Moscú; quién nombró a Franco jefe del Estado; los intentos de salvación de Jose Antonio Primo de Rivera; cómo se financió la guerra; la represión en Badajoz... Episodios posteriormente muy estudiados, pero sobre los que entonces, por razones obvias, se contaba con escasa bibliografía, al menos en España. El libro de mi padre abrió una ventana a numerosas investigaciones posteriores y su publicación fue vista como uno de los signos de «apertura» del régimen en su fase final.

Conservo el ejemplar de *¿Así fue?* enviado por la editorial Nauta a la Dirección General, referenciado con el número 11846/71. Conserva los numerosos tachones censores. Unos cuantos de ellos resaltan en el capítulo «Noche de Reyes», donde se analiza la actuación durante la Guerra Civil de varios miembros de la familia real. Al censor no le gustó, referido a don Juan, el epígrafe: «Un príncipe en España: será rey, pero no reinará», que hubo de eliminarse. Ni que en una nota a pie de página se recogiera esta declaración de Juan Carlos a la revista *Time* en 1966: «¡Nunca! ¡Nunca aceptaré la corona mientras mi padre esté vivo!».

En 1975 mi padre obtuvo el primer premio Espejo de España con su libro *García Lorca asesinado. Toda la verdad*, donde había ampliado, por sugerencia de Rafael Borràs Betriu, uno de los capítulos de *¿Así fue?* Constituyó un superventas aún mayor, con más de trescientos mil ejemplares.

Borràs, incorporado a la editorial Planeta en 1973, fue uno de los más exitosos editores españoles del último tercio del siglo XX, responsable de colecciones como la propia Espejo de España o Memoria de la historia. La relación con Borràs en las dos décadas siguientes resultó muy productiva para José Luis, a quien encargó bastantes obras para los sucesivos proyectos que emprendió en distintos sellos. Y al menos media docena de estos libros de mi padre abordaban, en tono divulgativo, cuestiones referidas a las monarquías española y europea. Entre ellos, *Alfonso XIII, un rey y una época*; *La vida cotidiana en España bajo la dictadura de Primo de Rivera*; *Los reyes carlistas*; *Cabezas sin corona, coronas sin cabeza* y *Los Borbón en España*.

La relación entre Borràs y mi padre merece un breve comentario. El editor que promovía todos esos libros sobre la monarquía era personalmente un republicano convencido, podríamos decir feroz, que cuando se jubiló de las tareas de gestión escribió a su vez algunos volúmenes dedicados a poner de vuelta y media a Alfonso XIII (*El rey perjuro*) o a don Juan de Borbón (*Una figura tergiversada*). En algunos de estos textos incendiarios, Borràs polemizaba con los puntos de vista de mi padre, y lo mismo ocurría a la inversa.

No obstante, pese a sus diferencias en materia política, y a las pullas que desde sus respectivas obras se lanzaban, editor y editado mantuvieron la amistad y la sintonía profesional a lo largo de las décadas, y mi padre se convirtió en un asiduo de la peña Ignacio Agustí, fundada por Borràs en homenaje al fallecido novelista y que se reunía mensualmente en un restaurante barcelonés.

Ambos coincidían en la idea de que «ser liberal consiste en estar dispuesto a admitir que el otro puede tener razón». Y supongo que ambos discutieron a gusto sobre la forma de Estado en España hasta el final de los días de mi padre, a menudo con, o frente a, un tercer participante, el amigo común Carlos Rojas, novelista (premio Planeta 1973), ensayista, profesor; irónico y escéptico, sobrino de un dictador venezolano y creo que, desde la convicción democrática, muy relativista en cuestiones de alta política.

En su libro memorialístico *La guerra de los planetas*, Borràs escribe, a propósito de los inicios de su relación con mi padre en los años sesenta:

> José Luis era un monárquico liberal, de la cuerda de Luis María Anson, Juan Balansó, Jaime Miralles, Santiago Nadal, Joaquín Satrústegui o Antonio de Senillosa, pero era, a un tiempo, en la zona de la templanza, un antifranquista, en la medida [en] que tenía claro —era lo único que me pareció que políticamente le importaba— que la restauración de la dinastía —su dinastía— se retrasaba, una y otra vez, porque Franco era partidario de la «monarquía del 18 de julio», que hasta los falangistas, los más reticentes dentro de las familias políticas, pensaban que perpetuaría el régimen político nacido de la Guerra Civil.

Y añade (exagerando):

En julio de 1969 Vila-San-Juan sufrió un desengaño del que no se repuso: que el entonces príncipe de Asturias, don Juan Carlos de Borbón, se saltase el orden dinástico al aceptar ser el sucesor del general como jefe del Estado a título de rey. Otros monárquicos de su cuerda se reciclaron rápidamente, pero José Luis mantuvo la lealtad a *su* rey. Todavía poco antes de su muerte, acaecida en febrero del 2004, se me lamentaba ante Carlos Rojas de que no tenía nada en que creer.

## Derechos históricos

¿Nada en que creer? En su libro *Los Borbón en España*, mi progenitor dedica un capítulo a responder la pregunta «Don Juan de Borbón y Battenberg, ¿rey?». Y en él planta el inequívoco párrafo ya señalado: «Para mí, desde la abdicación en él de su padre, S. M. don Alfonso XIII, siempre fue, hasta el 14 de mayo de 1977, S. M. *don Juan III*».

Ese día 14 de mayo, don Juan de Borbón había renunciado a los derechos recibidos de Alfonso XIII, entregando a su hijo Juan Carlos «el legado histórico de la monarquía española, sus títulos, privilegios y la jefatura de la familia y de la Casa Real de España», reservándose para sí el título de conde de Barcelona.

En realidad, José Luis ponía grandemente en valor el acto de renuncia de don Juan como verdadero momento de consolidación de la restauración democrática española. Juan Carlos I, en efecto, era rey en virtud de una legalidad de origen franquista (la Ley de

Sucesión) y posteriormente de otra, la Ley de Reforma Política, aprobada en referéndum el 15 de diciembre de 1976. Ahora, «al darle la legitimidad, además de esa legalidad que ya tenía, don Juan le transformó en el verdadero monarca».

Y de este modo podrá leerse en la Constitución de 1978, ya plenamente democrática y también mayoritariamente votada en referéndum, que don Juan Carlos I «es el legítimo heredero de la dinastía histórica».

En la Constitución se define con precisión la función real en la nueva España democrática: «El rey, en su condición de jefe del Estado, simboliza la unidad y permanencia del Estado, ejerce una función arbitral y moderadora del funcionamiento regular de las instituciones y asume la más alta representación del Estado español en las relaciones internacionales».

En un artículo publicado en 1993, poco después del fallecimiento de quien fuera eterno pretendiente, José Luis escribía:

> Don Juan de Borbón y Battenberg tuvo que morir para que la masa del pueblo español supiese quién era y cómo había luchado (en la medida de sus posibilidades) para que España llegase a ser un país democrático.
>
> Hasta el 20 de noviembre de 1975, su nombre y figura estaban aquí, o prohibidos o denigrados constantemente, lo mismo que sus proclamas, que se «traducían» tergiversándolas, se cortaban o se silenciaban.

Mi padre consideraba que don Juan, «por circunstancias adversas que padeció, precisamente por sus deseos de democratizar España, fue privado de sus derechos incluso después de restaurada la monarquía en España. Luego le corresponde una indemnización». Y concluía rotundo con su propuesta: esa indemnización sólo podía radicar «en reconocerle como Juan III», algo que únicamente ocurrió en el ámbito más íntimo: por expreso deseo de su hijo Juan Carlos, la tumba que ocupa don Juan en el panteón de Reyes lleva en efecto la inscripción IOANNES III, COMES BARCINONAE.

Cuando a su vez falleció mi padre, le pedimos a Rafael Borràs Betriu que hablara en el funeral. Nadie mejor que aquel republicano para hacer el elogio fúnebre de mi muy monárquico progenitor, al menos en el plano literario. Y así se despidieron, en los fríos y asépticos espacios del tanatorio barcelonés de Les Corts aquellos dos viejos liberales.

## RAZONES PARA SER MONÁRQUICO CON DON JUAN DE BORBÓN

Para un liberal como mi padre, que además era un «niño de la guerra», la figura de don Juan de Borbón representaba una alternativa política también liberal, y europeísta, que oponer a la dictadura de Franco. Su voluntad democratizadora, a partir del final de la Segunda Guerra Mundial, constituía en este sentido un claro argumento para la adhesión.

En los años de posguerra, el juanismo comportó complicaciones y castigos para muchos de sus seguidores. En ocasiones hizo frente común con alternativas antidictatoriales como el catalanismo. Eso hizo que fuera percibido como una opción abierta e inclusiva, una percepción que ayudó a que amplios sectores del mapa político apoyaran, o como mínimo no se opusieran radicalmente, a la restauración monárquica.

El conde de Barcelona encarnó la garantía de la continuidad dinástica. Para los juanistas de los años cuarenta, cincuenta y sesenta fue sin ninguna duda Juan III. La abdicación de don Juan brindó a Juan Carlos la legitimidad que le faltaba para consolidar su papel crucial en la restauración democrática española.

# 3. Juan Carlos I, el 92 y la ejemplaridad

Me telefonea Arturo Pérez-Reverte para invitarme a participar en el encuentro sobre «¿Monarquía o república?» que va a celebrarse en Sevilla a fines de marzo de 2020. El novelista y nuestro común amigo el periodista Jesús Vigorra están desarrollando en los últimos años un eficaz formato de debates en la sede de Cajasol, con hitos como el dedicado a Manuel Chaves Nogales, comprometido cronista andaluz de la Guerra Civil, que convocan a centenares de personas hasta el lleno total.

—Queremos que mantengas un diálogo cara al público con Miquel Iceta —me dice.

Aprecio mucho a Pérez-Reverte, su obra literaria, su energía, su tesón, su generosidad, su voluntad de ofrecer una lectura actualizada de la historia española, que puede resultar discutible, pero nace siempre de una vocación ecuánime. Me apunto rápidamente a la iniciativa sevillana.

El tema «¿Monarquía o república?», después de varios años de buen reinado de Felipe VI, pero a la vez tras un prolongado proceso crítico desde algunas instancias partidistas, sin duda merece una nueva consideración general en profundidad que hasta ahora no se ha elaborado. Miquel Iceta, líder de los socialistas catalanes, es un político a quien conozco y por quien, excepcionalmente, pedí públicamente el voto en las elecciones autonómicas de 2018, considerando que, tras el shock que había supuesto la intentona independentista del otoño anterior, era el momento de expresar con claridad las posturas que cada uno defendía. Su punto de vista sobre los pros y contras de la institución monárquica será interesante.

El encuentro, claro, se cancela una semana antes de iniciarse debido a la crisis del coronavirus.

Cuando llevo ya unos días confinado en mi casa de Barcelona por culpa de la pandemia, me llaman de *La Vanguardia*. Mis jefes quieren un artículo sobre la crisis generada por el comunicado que acaba de hacer público la Casa de S. M. el rey. El texto, fechado el 15 de marzo de 2020, estipula que Felipe VI ha renunciado a la herencia que pudiera corresponderle de su padre y que don Juan Carlos «deja de percibir la asignación que tiene fijada en los presupuestos de la Casa de S. M. el rey».

Ello ocurre después de que el diario británico *The Telegraph* publicara que el monarca había figurado como beneficiario de una sociedad *offshore* creada por su padre en 2008, con una transferencia de 65 millones de euros procedentes de Arabia Saudí y supuestamente derivados de una comisión por el AVE en aquel país.

Escribo:

> La trama parece propia de una novela de fines del siglo XIX o de algún relato del gran sir Arthur Conan Doyle, como *Un escándalo en Bohemia*. Una arribista sin escrúpulos consigue hacer tambalear toda una monarquía. Como para no creerlo.
>
> La cuestión es muy grave. La presunta implicación del rey emérito Juan Carlos I en una operación internacional de comisiones multimillonarias, de la mano de la alemana Corinna Larsen, arroja una luz tremendamente negativa sobre su figura. Se suma a una serie de actitudes privadas reprobables que se hicieron públicas a inicios de este decenio, desde la famosa cacería en Botsuana, cuando España se encontraba en plena crisis económica. Y que acabaron por llevarle a una forzada abdicación.

Lo significativo es que este último escándalo viene generado por movimientos económicos filtrados de las grabaciones a Corinna Larsen por un personaje turbio, el excomisario José Manuel Villarejo.

En los meses posteriores la información sobre el tema no ha parado de crecer, con un alud de noticias continuadas sobre la hipotética responsabilidad del rey emérito, dudas importantes (¿se trataba realmente de una «comisión» o de una «donación» saudí?) y posibles —aunque improbables— efectos penales por delito fiscal al haber perdido Juan Carlos I su inviolabilidad tras abdicar de la Corona en 2014.

Triste final de trayecto para un personaje que llegó a emblematizar el mejor momento del país, y una dura carga para el rey actual. Una bomba informativa que estalla en pleno apogeo de la pesadilla vírica global. Es como si quien tan buena imagen brindó hubiera decidido autoboicotear la que quedará de él ante la historia.

Muchos que fueron sus seguidores se preguntan: ¿cómo se ha llegado a enredar en semejante madeja? La reacción de Felipe VI, sin embargo, ha sido clara y radical, parecida a la que tuvo con su hermana y su cuñado Iñaki Urdangarin cuando éste fue procesado por el caso Noos: retiró a Cristina el título de duquesa de Palma y estableció zanjas de drástica separación.

A su progenitor, Felipe VI ya le pidió que abandonara la vida pública en 2019, coincidiendo con el quinto aniversario de la abdicación, para que no siguiera representando a la Corona. Fue la consecuencia de una primera carta de los abogados de Larsen en marzo de aquel año, considerada «un claro intento de chantaje», según ha revelado la periodista Mariángel Alcázar. En segundo lugar vino la mencionada retirada de la asignación —cerca de 200.000 euros anuales— en marzo de 2020, en ese duro comunicado en el que don Felipe renunciaba, junto con la herencia que le pudiera corresponder de su padre, «a cualquier activo, inversión o estructura financiera cuyo origen, características o finalidad puedan no estar en consonancia con la legalidad y los criterios de rectitud e integridad que rigen su actividad institucional y privada».

Y por último, ha sido Felipe quien, según testimonios fiables, indujo a Juan Carlos a salir de España, lo que el monarca emérito hizo a principios de agosto de 2020. Decisiones todas ellas sin duda dramáticas en el plano personal, y muy acordes a la reflexión de la biógrafa Laurence Debray conforme «un monarca no tiene derecho a sentimientos personales». A Felipe VI, más no se le puede pedir.

Es decir, en la Casa Real se toman muy en serio los indicios —antes de que la Justicia dicte veredicto— y se aplica el cortafuegos sin contemplaciones, por duro que pueda resultar. El rey debe facilitar que se solucionen los problemas del país, y no contribuir a generarlos.

## ¿Qué dirá la historia?

«Si quieres un final feliz todo depende, por supuesto, de dónde detengas tu historia.» Puse esta frase de Orson Welles como una de las tres citas iniciales de mi novela *El informe Casabona*, publicada en el año 2017. En ella fabulé la peripecia de un gran empresario barcelonés que muere por sorpresa, con más de noventa años, precisamente durante una comida en el Palacio Real.

Su larga andadura contempla momentos muy buenos y muy malos, tanto desde la perspectiva personal y humana, como de su aportación social y su ética. Si mi imaginario Alejandro Casabona hubiera fallecido a los setenta años, sería recordado como un gran emprendedor y un mecenas de la cultura; al hacerlo dos decenios más tarde abandona este mundo entre el olor a podrido de las corruptelas económicas que su grupo auspició, y que en la última etapa de su vida han ido saliendo una tras otra a la superficie.

Escribí esa novela en el mismo período en que se hizo pública la confesión del expresidente de la Generalitat Jordi Pujol conforme no había cumplido con sus obligaciones tributarias en lo relativo a una supuesta herencia de su progenitor, y en que se difundieron las sucesivas revelaciones sobre la gran fortuna, de procedencia poco limpia, de su familia.

No poco de esa atmósfera se filtró en las páginas de *El informe Casabona*. Independientemente de nuestras simpatías por el nacionalismo —las mías no son muy altas—, si estudiamos la trayectoria de Jordi Pujol encontramos momentos de gran valor, incluso personal, como cuando, con apenas treinta años, se enfrentó a un Consejo de Guerra en 1960 y expresó ahí sus convicciones, desafiando todas las advertencias, lo que le llevó a la cárcel. Y encontramos también no pocos momentos, si no compatibles, al menos respetables, de *nation building*.

Si no hubiéramos sabido nada más de Pujol desde que abandonó el poder en 2003, el recuerdo que habría dejado probablemente sería el de un político polémico pero constructor y responsable; para muchos, un auténtico profeta. Las revelaciones de los últimos seis años sobre la trama familiar y las «mordidas» para financiar su partido Convergència Democràtica, le aproximan a un modelo familiar y sociopolítico mafioso, y nos obligan a juzgar con severidad su paso por la vida pública.

¿Qué dirá la historia de Jordi Pujol?

¿Qué dirá la historia de Juan Carlos I?

El final de su reinado resultó, en efecto, agónico. En abril de 2012 se rompe la cadera en Botsuana, donde está cazando con la hasta aquel momento desconocida para el público español Corinna Larsen. La noticia se difunde, con detalles sobre la atmósfera que ha rodeado el accidente. Todo resulta feo en este episodio: las vacaciones de lujo en un momento de crisis, y el tono frívolo *jet set* que le acompaña; la actitud antiecológica, rifle en mano. Pedirá un perdón que no alivia su caída en desgracia. «Lo siento, me he equivocado, no volverá a ocurrir», dice desde el hospital. (Pero pocos meses más tarde supuestamente realiza desde su cuenta suiza el gran movimiento de dinero a favor de Larsen, la beneficiaria final de esos 65 millones en concepto de «gratitud y amor», según esta señora, y que ha abierto la caja de los truenos.)

Ello se suma a otros factores de desgaste que ha descrito el historiador Jordi Canal en su estudio *La monarquía en el siglo* XXI: el acoso mediático; cierta desconexión generacional con los nuevos líderes políticos; el «caso Urdangarin»; su propia soledad; la mala salud que le pone en evidencia en algunas apariciones públicas... Todo lo que lleva a Juan Carlos I a la decisión de abdicar, siguiendo el consejo —¿o la presión?— de distintas personas de su entorno.

Pero ¿abonan los errores del monarca, y otros anteriores que pudo cometer, un balance absolutamente negativo de su papel histórico? No necesariamente. Como en el caso de Pujol, con cuya figura arroja no pocos paralelismos, el juicio histórico sobre Juan Carlos tendrá que sopesar muchos datos y muchos matices. Ya la literatura universal desde Shakespeare nos ha advertido sobre personajes capaces a la vez de lo mejor y de lo peor, especialmente en el campo de la alta política.

## Los dos cuerpos del rey

Shakespeare es, precisamente, uno de los autores más citados por Ernst H. Kantorowicz en *Los dos cuerpos del rey*, un estudio «de teología política medieval» publicado en 1957 por Princeton University Press y considerado de obligada alusión cuando se habla, en el marco histórico de la «larga duración», de la institución monárquica.

Kantorowicz, uno de esos grandes intelectuales alemanes que dejaron su país huyendo del nazismo, discípulo del poeta Stefan George, gran amigo de Ernest Gombrich, se instaló tras la Segunda Guerra Mundial en Estados Unidos, donde enseñó en distintas universidades.

En *Los dos cuerpos del rey* plantea la distinción crucial entre «el rey como rey y el rey como persona privada». El segundo es un ser humano vulnerable y falible; el primero encarna la dignidad y la continuidad de la institución y simboliza el país. El concepto lo detecta Kantorowicz en distintos textos que afloran a partir del año 1000, y llegará a su culminación en los juristas reales de Isabel I de Inglaterra, que «buscaron envolver y perfilar las definiciones de la realeza y sus atributos». El estudioso se detiene especialmente en un informe de 1585. Reunidos en el Serjeant's Inn, los juristas reales británicos acordaron, con motivo de un litigio territorial por una cesión realizada por el rey Eduardo VI durante su minoría de edad

> que, según el Common Law, ningún acto que el rey realiza en su condición de rey podrá ser anulado [...].

> Pues el rey tiene en sí dos cuerpos: un cuerpo natural y un cuerpo político. Su cuerpo natural es un cuerpo mortal y está sujeto a todas las dolencias que provienen de la naturaleza y del azar; a las debilidades propias de la infancia o la vejez, y todas aquellas flaquezas a las que están expuestas los cuerpos naturales de los otros hombres. Pero su cuerpo político es un cuerpo indivisible e intangible, formado por la política y el gobierno, y constituido para dirigir al pueblo y para la administración del bien común, y en este cuerpo no caben la infancia ni la vejez ni ninguna flaqueza natural a los que el cuerpo natural está sujeto, y por esta razón lo que hace el rey con su cuerpo político no puede ser ni invalidado ni frustrado por ninguna de las incapacidades de su cuerpo natural.

A esta consideración teológico-jurídica atribuye Kantorowicz que en los ritos funerarios de Francia e Inglaterra se sugiriera que el rey «nunca muere», y que los justicias no exhibieran muestras de luto porque «la Corona y la Justicia nunca mueren». «El rey individual —escribe el historiador— podía morir, pero el rey que representa a la justicia soberana, y que estaba representada por los jueces supremos, no moría.»

También una consecuencia de este concepto, a lo largo de los siglos, es la inviolabilidad del soberano durante el ejercicio de su cargo (una protección habitual al jefe del Estado en la mayoría de los países): «La persona del rey es inviolable y no está sujeta a responsabilidad...», reza el artículo 56 de nuestra Constitución, matizado por el 64: «Los actos del rey serán refrendados por el presidente del gobierno y, en su caso, por los ministros competentes. [...] De los actos del rey serán responsables las personas que los refrenden». El alcance de la inviolabilidad definida constitucionalmente es material de debate para los juristas.

¿Puede la teoría de los dos cuerpos estudiada por Kantorowicz ayudarnos a distinguir la aportación histórica de Juan Carlos I de las presuntas actuaciones de la última fase de su vida, que, aunque no han sido juzgadas —y no sabemos si llegarán a serlo— le han valido el apartamiento de la Casa Real y generan el rechazo de la ciudadanía?

## Transición con éxito

Para los integrantes de mi generación, la figura de Juan Carlos resulta inseparable, primero, del éxito de la Transición democrática y, segundo, del fracaso del golpe de Estado del 23 de febrero de 1981. Yo estaba trabajando en *El Correo Catalán* aquella tarde. En la mesa contigua, mi compañera Rosa Marqueta escuchaba por la radio —aquellas eran redacciones ruidosas— las votaciones del Congreso. Compartí su estupor cuando unas voces bruscas y unos disparos las interrumpieron.

El director del diario, Lorenzo Gomis, y su adjunto, Jordi Daroca, nos pidieron a los integrantes de las secciones no políticas que cerráramos a toda prisa nuestras páginas y nos marchásemos a casa. Y con mi familia vi por televisión, en aquella larga noche de febrero, al rey Juan Carlos vestido de uniforme, enviando al ejército una orden de fidelidad a la Constitución: la intervención que frenó aquel intento liberticida.

El carácter positivamente decisivo de este episodio fue asumido de forma muy amplia en el ámbito español, y también internacional. Cuando en 1991 me instalé en Boston con mi mujer para cursar un año de estudios con una beca Fulbright, entre los cursos que elegí figuraba uno de relaciones internacionales. Nuestro profesor, un discípulo del célebre politólogo George Keenan, abordó en diversas ocasiones el proceso democrático español. Lo planteaba como un caso de sorprendente éxito, inspirador para otros países que aspiraban a transitar de la dictadura a la democracia, con la monarquía constitucional como elemento encauzador. Su análisis emblematizaba la percepción que se tenía del caso español en aquel momento en ámbitos influyentes de la ciencia política estadounidense.

En los años noventa esa percepción, en España, resultaba también muy clara. Incluso antimonárquicos históricos se declaraban juancarlistas por motivos pragmáticos. Hasta un comunista tan crítico como Manuel Vázquez Montalbán colocaba al monarca en el centro de su libro reportaje sobre el Madrid político de los años noventa *Un polaco en la corte del rey Juan Carlos I*, y le dedicaba una visión no hostil, bien resumida así por un reseñista: «M. V. M. dibuja, en la cima de este libro con ritmo de viaje iniciático, un poder simbólico y humano, al que bautiza con el nombre de Juan Carlos Igualdad, con la sana intención de apoderárselo y llevárselo con los suyos: "¿Seré yo un rojo que tiene el alma monárquica y he ensoñado un rey populista?", se pregunta».

## La restauración de Javier Tusell

Entre los historiadores que con más rigor y mejores fuentes estudiaron la trayectoria de la monarquía española a lo largo del siglo XX figura Javier Tusell, tempranamente desaparecido. A su perfil intelectual de brillante discípulo de Carlos Seco Serrano se añadía el político: en época ucedista, había sido director general de Bellas Artes y responsable del retorno del *Guernica* de Picasso a España.

En los años noventa Tusell era colaborador habitual del suplemento de libros de *La Vanguardia* y hablábamos a menudo. En 1995 publicó el estudio *Juan Carlos I, la restauración de la democracia*, donde recogía los años de formación del príncipe, desde su nacimiento en 1938 hasta su juramento de monarca en 1975.

Entrevisté a Tusell con motivo de este trabajo. Habían aparecido no hacía mucho otros dos libros de referencia en materia monárquica: *Don Juan*, de Luis María Anson, es el relato de las vicisitudes del pretendiente a cargo del conocido periodista monárquico madrileño que formó parte de su Consejo privado. *El Rey* recogía las extensas conversaciones entre don Juan Carlos y el escritor y aristócrata barcelonés José Luis de Vilallonga. Ambas publicaciones revolotearon sobre la charla que mantuvimos Javier y yo.

—Los historiadores —me manifestó Tusell— vamos muy pegados a las conmemoraciones y este año 1995 se cumple el vigésimo aniversario de la restauración de la monarquía, lo cual da para pensar sobre qué ha significado la institución y quién es este personaje que la encarna. Además, estamos en un momento en que ya se puede hacer historia. A través de los personajes de la causa monárquica, que tomaron notas de las conversaciones que mantenían con don Juan Carlos y con don Juan, se puede reconstruir lo que ocurrió. Y siguiendo estas fuentes aparecen muchísimas cosas nuevas.

—¿Por ejemplo? —inquirí.

—Por ejemplo, dos días antes de la abdicación de don Juan en mayo de 1977, su consejero Pedro Sainz Rodríguez le envía un telegrama para decirle que no abdique, lo cual deja reducida a trizas la tesis de Anson, para quien Sainz Rodríguez planificó, desde la época de la República, todo lo que iba a pasar en los años siguientes.

—La idea que se deduce del libro de Anson es que Pedro Sainz Rodríguez fue el verdadero cerebro de la restauración monárquica.

—Según las fuentes que yo he manejado eso no es cierto. La monarquía la trajeron a España dos personas, don Juan y don Juan Carlos. Y los personajes de la causa monárquica que los rodeaban eran como primeros ministros de un monarca de la época liberal. Los reyes los nombraban y les concedían muchas atribuciones, pero quienes mandaban finalmente eran los propios monarcas. Esto con don Juan se ve muy claro, porque ha pasado épocas distintas con gente diferente; con don Juan Carlos se nota menos, porque, a partir de un determinado momento, tiene que tratar con primeros ministros constitucionales y la relación cambia mucho.

—¿Es posible que Franco contemplara en algún momento la posibilidad de que su sucesor apostase por la democracia?

—No. Franco pensaba que habría cambios importantes a su muerte, y sabía que el movimiento tenía pocas posibilidades de mantenerse, pero no pensaba en absoluto en la democracia. Cuando (el ministro falangista) Utrera le dice que don Juan Carlos puede cambiarle el fundamento del régimen, Franco pega un bote y responde que hay juramentos que se deben mantener. Y lo interesante es que don Juan Carlos no ha sido en absoluto un perjuro. Porque Torcuato Fernández Miranda le dio la clave, al hacerle entender que los principios del movimiento no obligaban a nada, sino que dejaban la oportunidad para que el pueblo español decidiera.

—Leyendo el libro de José Luis de Vilallonga da la impresión de que el rey fue un niño que recibió poco cariño, al crecer lejos de su familia y rodeado de personas solemnes, cuando no hostiles. ¿Cómo influyó en él esa situación?

—Yo creo —me señaló Tusell— que una de las razones principales de que España tenga un buen rey es porque lo ha pasado mal. Toda su vida ha transcurrido con la gente fijándose en él, y él mismo con el interrogante de qué iba a ser de su vida. Experimentando zancadillas por todas partes, atravesando problemas económicos y junto a un señor, Francisco Franco, que controlaba una prensa en la que se ponía a parir a su padre. Todo el mundo sabe que el rey es un gran intuitivo, pero a mí lo que me maravilla es que, además, y después de lo que ha vivido, sea tan buena persona, que es lo que primordialmente se aprecia de él. Y por otra parte, la relación entre don Juan, don Juan Carlos y Franco forma un triángulo muy extraño, maravilloso para un biógrafo. Según José María Pemán, cuyos diarios he podido consultar: «Es la reacción del abuelo». Franco trataba a Juan Carlos como a un nieto. Con el efecto multiplicador que le daba no tener hijos.

—¿Qué ha aportado a tu investigación el primer presidente del gobierno de la democracia, Adolfo Suárez?

—Con Suárez hemos hablado mucho para el libro. Y una de las cosas que se desprende no es que fuera nombrado por Fernández Miranda, o de rebote, como se ha hecho correr. A Suárez lo nombra claramente el rey, y ello porque le conoce desde hace tiempo y porque ha seguido su trayectoria. Suárez era de los que tuteaban a don Juan Carlos cuando era príncipe.

—¿Qué es lo más llamativo en la evolución de tu biografiado?

—En don Juan Carlos, desde su adolescencia se ve una gran llaneza en el trato; también una aguda visión de lo que es importante, pero sin grandes preocupaciones en términos de cultura. Y también su intuición: todo esto lo mantiene. En cambio, hay otras cosas en las que ha cambiado. Por ejemplo: era muy tímido y dejó de serlo. O como su simpatía: en parte es una virtud natural, y en parte algo buscado y adquirido.

Aquel lejano 1995 el rey se beneficiaba aún de un gran pacto de silencio en torno a amplias esferas de su actividad, empezando por las sentimentales extraconyugales. Algo que tal vez le ha perjudicado, más que beneficiarle. Por eso, la respuesta de Tusell a mi siguiente pregunta sólo podía ser muy cauta:

—¿Tu trabajo aborda la vida privada del rey?

—No, porque es una biografía política y porque acaba en 1975. Pero sí hay que decir que la reina da a don Juan Carlos seguridad. La idea de que doña Sofía no ha intervenido en política no es cierta, ella ha estado muy cerca de él en momentos importantes y siempre le ha ayudado a ponderar situaciones, a ver lo que hay que hacer, o cómo hay que tratar a cierta gente.

—¿Cómo valoras la predilección de don Juan Carlos por políticos muy pragmáticos frente a otros más «ideológicos»?

—A él, durante la Transición, le interesaba contar con gente nueva, incluso desconocida, para que no tuvieran enemigos. Y porque además no podían considerar que ellos eran «la» monarquía. Una de las cosas que satisfizo a los militares, y que los mantuvo en su sitio, fue constatar que la monarquía no pertenecía a un grupo, ni al de Fraga, ni al de López Rodó ni al de nadie. En eso también hay perfecta continuidad entre don Juan y don Juan Carlos. Nunca han enfeudado la monarquía. Quien diga que es el único amigo del rey o la opción preferencial del rey no dice la verdad.

## El mundo cultural

Desde 1978 me dedico al periodismo cultural y tiendo a ver la vida desde esa perspectiva. También en el análisis de la institución monárquica la cuestión cultural resulta, para mí, fundamental.

Se ha valorado poco la aportación de los reyes de la democracia en este campo, independientemente de la atención personal mayor o menor que Juan Carlos (menor) y la reina Sofía (mayor) les prestaran.

La Constitución votada por los españoles en diciembre de 1978 reconoció la importancia de la cultura. En su artículo 20 el texto defiende las libertades de creación y comunicación; en otros artículos apoya el pluralismo, la igualdad de oportunidades en el acceso a la cultura y la necesidad de que los poderes públicos la impulsen, en la línea de la Declaración de los Derechos Humanos adoptada por la ONU en 1948.

La atención a la cultura constituyó, efectivamente, una de las claves de la restauración de la democracia en España. La política opositora al franquismo había hecho de ella un signo de identidad —a menudo vinculada al Partido Comunista— y, por otra parte, desde principios de los años setenta, un buen número de intelectuales del exilio habían ido retornando.

Tanto el rey como Adolfo Suárez asumen esa sensibilidad: en 1977, entre los senadores de designación real figuran intelectuales liberales significados como Martín de Riquer, Camilo José Cela y Julián Marías. Marías, al igual que el también filósofo José Luis L. Aranguren, mantuvo en esa década una firma habitual en los diarios en que exigía que la transición democrática tuviera un significado ético y moral. También en 1977 el monarca entrega a Jorge Guillén el primer premio Cervantes, que rápidamente se convierte en un elemento de liderazgo en el ámbito cultural de habla hispana.

Un caso emblemático de acercamiento tiene lugar con el pintor Joan Miró. El ministro ucedista Pío Cabanillas le visita en su estudio barcelonés varias veces; el rey lo hace en Mallorca y le impone la Gran Cruz de Isabel la Católica. Miró ilustra una edición noble de la Constitución; en 1978 se le dedica una gran antológica del Museo de Arte Contemporáneo de Madrid.

«Veo la gran esperanza de España con su fuerza creadora. Yo no estoy a favor del separatismo. El mundo cerrado es algo obsoleto, es el mundo burgués. Quiero también subrayar mi admiración y respeto a la figura del rey don Juan Carlos», declarará el artista, cuyo izquierdismo y catalanismo no dejan lugar a dudas. La figura de Miró se convertirá «en uno de los símbolos de regeneracionismo cultural de la España posfranquista», según la hispanista italiana Giulia Quaggio.

En el año 1992, con una sucesión de eventos de gran difusión, la nueva España surgida de la Transición lanza al mundo un mensaje de éxito. Se trata, usando un término del pensador argentino Néstor García Canclini, del «recurso a la cultura» por parte del poder político, buscando repercusiones que vayan más allá de ella. Canclini lo plantea con un sentido crítico, pero ese «recurso», en España, tuvo efectos notablemente positivos.

Veamos por ejemplo la inauguración de los Juegos Olímpicos, convertida en macroevento cultural. La de

Barcelona en 1992 congregó a buena parte de los talentos disponibles. El grupo teatral La Fura dels Baus, vanguardista y puntero, recreó el viaje mediterráneo de Jasón y los argonautas a través de un mar que ondeaba con la ayuda de centenares de voluntarios. Del diseño del vestuario se ocupaba Toni Miró. Los mejores cantantes de ópera españoles (Montserrat Caballé, Plácido Domingo —otro nombre hoy en entredicho—, Alfredo Kraus, Teresa Berganza, Jaume Aragall y Joan Pons) interpretaron fragmentos musicales. Andrew Lloyd Weber, Carles Santos, Angelo Badalamenti y Ryuchi Sakamoto compusieron para el acto, y en el desfile de la bandera olímpica sonó Mikis Theodorakis. Bailó Cristina Hoyos. En la trastienda de la ceremonia trabajó un equipo creativo con figuras como los directores de cine Bigas Luna y Manuel Huerga, y el publicitario Luis Bassat. Un espectáculo de enorme lucimiento y energía. Habría que esperar a los juegos de Londres de 2012 y al espectáculo *Isles of wonder*, dirigido por Danny Boyle, para encontrar algo parecido. En el macroevento olímpico, el papel del rey —siempre presente— y de su hijo Felipe, que desfiló como abanderado, resultó crucial.

Los juegos barceloneses constituyeron el elemento central del tridente con que el gobierno socialista de Felipe González, diez años después de su acceso al poder, lanzaba al mundo el mensaje contundente de que España finalmente se había modernizado y era competitiva social y culturalmente en el plano internacional. El mensaje lo complementaban la Exposición Universal de Sevilla, la conmemoración del Quinto Centenario del Descubrimiento de América y, por último, la celebración de Madrid como Capital Cultural Europea.

Según la ya citada Giulia Quaggio, autora del libro más completo sobre la transformación cultural española, estos eventos proponían una apología de la convivencia y una lectura en clave progresista del pasado, incluso en casos un tanto resbaladizos como era la colonización americana. Otra analista de la cultura de la democracia, Teresa Vilarós, apunta que el triple festival de 1992 «da por terminado en la psicología nacional el sentimiento de cambio y Transición de los primeros años de la España posfranquista».

## Aquel imparable 92

Voy a almorzar, la semana anterior a que se inicie el confinamiento provocado por la COVID-19, con Lluís Reverter, un personaje clave en la vida política de los años ochenta y noventa, que se vio profesionalmente incrustado en el eje entre el poder político socialista y la institución monárquica. Prudente, cauto, encantador, florentino. Experto en los grandes protocolos y en la mecánica interna del poder, nunca escribirá sus memorias.

Puesto que a toda consecuencia precede una causa, repasamos, primero, el 23F. Reverter era entonces un concejal del Partido Socialista catalán en el Ayuntamiento de Barcelona, hombre de confianza del primer alcalde socialista de la ciudad, Narcís Serra.

—Yo había estado cenando una semana antes con el capitán general de Cataluña y el gobernador militar de Barcelona —me explica Reverter—. Cuando el conserje del Ayuntamiento viene con la radio para avisarnos a

Narcís y a mí de lo que está pasando, telefoneo al capitán general, quien me contesta: «Aquí no pasará nada que yo no quiera que pase». «Pero ¿qué es lo que quiere que pase?», me pregunta Narcís. Desde Barcelona mantuvimos constante contacto telefónico con la junta de subsecretarios en Madrid y también con el alcalde de Valencia, Ricard Pérez Casado. Tuvo que salir del edificio de su ayuntamiento dado que el general Milans del Bosch había sacado en aquella ciudad las tropas a la calle.

El golpe se frustra, el papel del rey sube muchísimo y, en plena resaca, post-23F, se decide organizar en Barcelona el Día de las Fuerzas Armadas. Por parte municipal le toca encargarse del evento a Reverter, y lo hace en colaboración con el marqués de Mondéjar, entonces jefe de la Casa del Rey.

—Hubo que resolver muchas cuestiones prácticas —continúa explicándome el expolítico catalán—. Le planteé, por ejemplo, a Mondéjar que teníamos que fijar dónde debía vivir el rey cuando venía a Barcelona. Visitamos el palacio de Pedralbes y el palacete Albéniz. El de Pedralbes estaba hecho un asco; el Albéniz, impecable. Optamos por este último y el de Pedralbes quedó definitivamente como un museo, uso que se le había estado dando durante mucho tiempo.

Le pregunto al exconcejal qué hacía Pujol, entonces presidente de la Generalitat, mientras se desarrollaban todas esas iniciativas.

—Pujol no entraba en ellas; no objetaba, pero no entraba —me responde. Y continúa recordando mi interlocutor, mientras vamos degustando las creaciones del restaurante Hofmann—: Aquel día de las Fuerzas Armadas en Barcelona salió muy bien, y el rey quedó muy contento. La recepción resultó espléndida, vino toda la ciudad. Tras el 23F todo el mundo estaba encantado con el monarca.

Y por primera vez en la España posterior a la Guerra Civil, un socialista, Lluís Reverter, recibe la Cruz del Mérito Militar. «Me lo dieron a mí porque había sido el organizador barcelonés de la jornada», comenta.

Hay otro premiado por este éxito que congracia a los socialistas con las Fuerzas Armadas. Felipe González designa a Narcís Serra ministro de Defensa, «y yo me voy con él a Madrid al Ministerio, de 1981 a 1991. Cuando a Narcís le hacen vicepresidente, a mí me nombran secretario general de Coordinación y Servicios de la Presidencia del Gobierno (no de la Vicepresidencia). Y me encargo de coordinar todo el 92».

¿Qué coordina? La Conferencia de paz árabe-israelí de noviembre de 1991, la Cumbre Iberoamericana de julio de 1992, las Olimpiadas de Barcelona, la Expo de Sevilla, el Quinto Centenario: el momento álgido de la España democrática, el momento de su puesta en valor internacional.

—Aquello funcionó porque todo el mundo se lo creía. Y el rey se implicó a fondo. Juan Carlos y Sofía constituyeron elementos claves, sin ellos todo el año de celebraciones no hubiera funcionado. A los jefes de Estado los trajo él. Y junto con el rey trabajaron sus personas de confianza, Sabino, Mondéjar y otros, con muchas ganas de hacerlo bien.

Recuerda Reverter la gestión de la visita de más de veinte jefes de Estado en un mismo día.

—Por la mañana había tenido lugar la clausura de la Cumbre Iberoamericana en Madrid, en la que habían participado; los metimos en un avión y los llevamos a Barcelona para la inauguración olímpica. Luego se celebró una cena de gala en el palacete Albéniz. El rey Juan Carlos estaba emocionadísimo.

—¿Quién planificó toda esta concentración de efemérides? —indago.

—Se iba haciendo todo sobre la marcha. La conferencia de Paz árabe-israelí no estaba prevista, y se organizó muy rápido. En aquel momento, ¿qué país podía demostrar que lo haría mejor que nosotros? Ninguno. En aquella época todo nos salía bien. El año 92 fue muy importante, todo el mundo venía a España.

Transmito de nuevo mi curiosidad sobre el papel de la Generalitat en todo este despliegue donde Barcelona jugó un papel tan crucial.

—La Generalitat no tuvo ningún papel —contesta con presteza—. El conjunto del 92 lo organizaba el Estado. Y los Juegos eran del Ayuntamiento de Barcelona.

Tras los exitosos fastos de ese año clave, Reverter decide abandonar la vida política.

—Dije «me voy», porque hay que salir de los sitios con las cosas en alto y antes de que te inviten a marcharte.

Pero una cuestión ralentiza su marcha.

—Yo había estado hablando con don Juan Carlos sobre cómo se iba a celebrar el funeral de su padre, don Juan, que ya estaba muy enfermo. Supuestamente no se le podía enterrar en el Panteón de los Reyes, porque él no había reinado, y no quería ir al Panteón de los Infantes, porque la línea dinástica pasaba por su persona.

»Nos reunimos con Luis María Anson y el prior del Escorial para estudiar el tema y presentamos un informe a favor de que, cuando llegara el momento, los restos mortales de don Juan fueran al Panteón de los Reyes. Juan Carlos, entonces, me pidió que no dejara mi cargo hasta que se produjera el fallecimiento. Después del entierro, aún organicé la visita del papa Juan Pablo II en 1993, con la consagración de la Almudena.

El 1 de julio de 1993, Lluís Reverter se incorporó a La Caixa de la mano de Juan Antonio Samaranch. Allí ha estado hasta cumplir los setenta años, y trabajando en su Fundación ha inaugurado mas de 1.400 exposiciones.

La relación de la monarquía con la sociedad catalana, sometida a sucesivos vaivenes, es analizada por el siempre cauto y diplomático Lluís Reverter de la siguiente manera:

—Al principio, en los años setenta, la sociedad estaba expectante, no había una actitud crítica frente a la monarquía. Pasan el 23F y los eventos del 92 y el rey se convierte en una figura respetada. Yo creo que ese respeto al rey durante mucho tiempo no se rompe, en Cataluña no ha habido antimonarquismo. Incluso los independentistas durante un tiempo no lo eran especialmente.

»Pero en los últimos diez años, los gobiernos de España no le han hecho desempeñar un papel aquí, y la figura del rey se ha alejado de la sociedad. Yo creo que en este momento el rey no preocupa. Si el tema catalán se soluciona, la monarquía no será el problema.

(Esta conversación tuvo lugar unos días antes del comunicado de la Casa Real sobre la cuenta corriente suiza de Juan Carlos I; en cualquier caso tengo mis dudas sobre su última afirmación.)

En el plano humano, Reverter recuerda a la reina Sofía como «entrañable y afectiva. Con mucho sentido de la responsabilidad y muy profesional. Felipe es más serio que su padre. A la gente le gustaba que el rey fuera simpático, que hiciera bromas; eso le generaba afecto. Y aún no tiene el activo de su padre: haber traído la democracia, el 23F...».

Al despedirnos, Reverter me recuerda con una sonrisa que sigue afiliado al PSC, y que a Miquel Iceta «lo llevé yo a la Moncloa».

## El Estado plural

Otro monárquico destacado con el que traté a menudo fue Baltasar Porcel. El novelista mallorquín había estado interesado en tomar contacto con los representantes de la monarquía española ya en los años sesenta. En 1969 había solicitado una entrevista con don Juan de Borbón. Que yo sepa, nunca tuvo lugar, pero la petición resulta representativa del interés que por la monarquía democrática y sus representantes demostró desde tempranos momentos el escritor, de conocida militancia catalanista y a la vez muy atraído por los entresijos del sistema político español, según se constata en sus escritos de los años sesenta.

Fue en el decenio siguiente cuando Porcel conocería personalmente al hijo de don Juan, ya convertido en rey de España y «motor del cambio». Ocurrió en abril de 1977, en una recepción en la Zarzuela, donde fueron invitados sesenta intelectuales españoles de distintas orientaciones políticas. No pocos de ellos, recordaba Porcel, habían sido perseguidos por el régimen anterior. La primera sorpresa del autor en palacio vino con el saludo en mallorquín de Nicolás Cotoner, marqués de Mondéjar, jefe de la Casa Real. Y el marqués le presentó al monarca, con quien mantuvieron una primera conversación sobre Mallorca y sobre el anarquismo (acababa de publicar su libro-documento *La revuelta permanente*).

A Porcel le gustó el carácter «jovial, directo, franco» del joven Borbón; también su sagacidad y su lealtad. Sin duda, la proximidad generacional ayudó. El monarca y el novelista congeniaron.

En los años siguientes Porcel se convirtió en uno de los intelectuales que gozaban de la confianza de don Juan Carlos. Participó en los borradores de algunos de sus discursos, especialmente de aquéllos en los que debía enfatizarse el contenido cultural (como el que leyó en Aquisgrán en 1982 con motivo del premio Carlomagno), y en los de temática catalana (como el de la apertura de los actos del Milenario, en 1988).

Prueba de la confianza que el monarca llegó a profesarle es que en agosto de 1981 el rey recibe las llaves de Andratx, localidad natal de Porcel, y luego va a comer a Can Bolei, la propiedad de Porcel en Sant Telm (y hasta juega con sus hijos).

El autor de *El cor del senglar* también desempeñó un papel determinante en la visita del príncipe Felipe a Cataluña en 1990, reiteradamente solicitada por Jordi Pujol para consolidar lazos entre la monarquía y el nuevo *establishment* autonómico catalán (el *president* había apoyado decididamente la Constitución monárquica de 1978, que obtuvo en Cataluña un impresionante voto favorable del 91 por ciento con una participación próxima al 70 por ciento).

Durante esta visita Porcel asesoró simultáneamente a la Casa de S. M. el rey y al Departamento de Presidencia de la Generalitat.

Como catalanista, Porcel, en la línea de su venerado Ramon d'Abadal, creía que la monarquía democrática de base histórica constituía la mejor garantía para que los derechos de los antiguos reinos hispánicos fueran respetados y potenciados. Aun considerando que la dinastía borbónica había tenido en el pasado enfrentamientos graves con Cataluña, pensaba —como decía hacerlo el Jordi Pujol de los años ochenta— que «solo la Corona puede permitir una España unida y diversa».

(En una línea similar, el entonces responsable informativo de cubrir la Casa Real y futuro director de *La Vanguardia,* Màrius Carol, señalaba en el año 2004 que «cuando el gobierno de José María Aznar no tenía buenas relaciones con algunas comunidades autónomas, la figura del monarca Juan Carlos I permitió celebrar el 25.º aniversario de la Constitución española con los diecisiete presidentes autonómicos. Y todo ello fue "gracias a la habilidad del rey"».)

«Si no existiera la Corona en la cumbre del Estado, éste se hubiera hallado completamente en manos del partido mayoritario», apuntaba Baltasar Porcel.

En su opinión, además, Juan Carlos se había legitimado plenamente desde el punto de vista democrático con su trayectoria en general y con su actitud del 23F en particular. En más de una ocasión Porcel se pronunció a favor de una España confederal con un rey al que, en su opinión, debía concedérsele más poder ejecutivo.

Estas convicciones las expresó, desarrolló y matizó a lo largo de treinta años en incontables artículos para

*La Vanguardia*. Su proximidad al monarca facilitó a este diario grandes entrevistas exclusivas, como la que le hizo al rey Juan Carlos en 1988 o al príncipe Felipe en 1990. Quedó pendiente el libro para el que mantuvieron largas conversaciones y que finalmente no llegó a buen puerto. Luis María Anson, en una ocasión, me comentó que era una lástima: «El libro serio sobre don Juan Carlos hubiera sido el de Porcel, y no el de Vilallonga». Pero la relación entre ambos, mientras duró, fue rica, fructífera y relevante para Cataluña.

Algún amigo común me ha expresado que, al final de su vida, Porcel descreía de la monarquía, o al menos de Juan Carlos I. Quizá fuera así en privado. Lo cierto es que en 2007, poco antes de morir, aún se refería a él, en un artículo de *La Vanguardia*, como «figura clara y firme por excelencia de nuestra democracia, comprometida como nadie con la Constitución y la ciudadanía».

## El premio Cervantes

En abril de 1990 recibí mi primera invitación para acudir a la recepción real dedicada al mundo de la cultura con motivo del premio Cervantes. Se celebraba en el palacio de El Pardo, que había sido residencia de Francisco Franco. El acceso resultó laborioso porque está en plena montaña, a quince kilómetros del centro de Madrid. El galardón lo recibía en aquella ocasión el escritor paraguayo Arturo Roa Bastos, autor de la novela *Yo el Supremo*, precisamente centrado en un arquetípico dictador sudamericano. La idea de celebrar la fiesta en aquel preciso lugar respondía a la voluntad socialista de no dejar fuera de uso ningún espacio del Patrimonio Nacional, por connotado que estuviera. Al contrario, convenía, según algún responsable expresó, «higienizarlos democráticamente».

Tuve la oportunidad de cruzar durante el cóctel algunas palabras con el entonces ministro de Cultura, Jorge Semprún. Semprún generaba remolinos de atención. Yo le había entrevistado en varias ocasiones antes de este momento —y lo haría otras veces después—, y me pareció uno de los hombres más brillantes que he tenido la oportunidad de conocer. El antiguo activista del PCE en la clandestinidad, el novelista en lengua francesa premiado y reconocido en Europa, había sido incorporado al gobierno por Felipe González como un símbolo vivo de que, en la etapa áurea del PSOE en el poder, la cultura y las reivindicaciones de la izquierda histórica se consideraban identitarias.

Quienes en la actualidad tienden a poner en la picota todo el proceso de la Transición española sin detenerse mucho a estudiar las razones que lo inspiraron, harían bien en acercarse a su libro de memorias sobre este período, *Federico Sánchez se despide de ustedes*. En sus páginas, Semprún estipula que la Transición española fue «de terciopelo», como la revolución checa de 1989, porque tuvo el objetivo de ser gradual y pacífica. Y ello había requerido un cierto procedimiento de «amnesia colectiva» sin la cual, según el escritor, «no serían los valores ni los problemas del porvenir los que hubieran prevalecido en las estrategias políticas y morales, sino los mitos del pasado».

Semprún, nieto del político clave de la monarquía alfonsina Antonio Maura, había prometido, como sus compañeros de gobierno, cumplir su cargo ministerial ante el rey. Y lo hizo, precisa en su libro con tono casi teológico:

> con una voz tranquila, consciente de lo que decía, seguro de lo que decía. La lealtad al rey Juan Carlos era la expresión históricamente circunstancial de una elección fundamental: lealtad al hombre que había interpuesto el cuerpo de rey, su propio cuerpo —simbólicamente en las pantallas nocturnas de televisión, multiplicando así este cuerpo hasta los límites de una ancestral sacralización, por el artificio de los medios de comunicación modernos— ante los tanques de los golpistas en la noche del 23 de febrero de 1981. No era otra cosa, nada más —nada menos tampoco— que la lealtad a la esencia misma de la democracia.

Aquella tarde de 1990, en El Pardo, me alineé disciplinadamente en el besamanos y estreché respetuoso las del rey y la reina («¿Debo inclinarme?», le había preguntado a un responsable de protocolo). Mi primera recepción real. A mi abuelo le hubiera gustado verlo, y verme.

## La herida del tiempo

*El tiempo es un canalla*, titula una de sus novelas la estadounidense Jennifer Egan. Lo es. Un gran canalla.

—Espero acabar el cuadro para diciembre de este año —me dijo en junio de 1997 el pintor Antonio López cuando lo visité en su estudio del madrileño barrio de Chamartín.

En la pared reposaba una tela sobre la que había pegado grandes fotos de los reyes, las infantas y el príncipe Felipe, que habían posado para él dos años antes. En la distribución que me permitió ver, don Juan Carlos dejaba caer los brazos: no envolvía con uno de ellos el hombro de Elena, ni cogía en el otro el de su esposa, como ocurre en la pintura finalizada, que fue mostrada al público en diciembre de 2014.

Por lo demás, el pintor parecía haberse mantenido bastante fiel a la disposición de figuras que me enseñó entonces. En total Antonio López habría tardado veinte años en concluir el encargo de pintar un retrato de la Familia Real. ¿Por qué tan gran tardanza?

El primer pintor realista español es conocido por demorarse lo indecible al plasmar un matiz del color del natural. Pero aquí trabajaba sobre foto. Tal vez entendió que la única forma de dar densidad a este encargo oficial —un encargo de riesgo para su prestigio: el riesgo de caer en el arte institucional— era permitir que sobre él se posase el tiempo. Sospecho que no debió de retocarlo mucho, sino más bien abandonarlo en un rincón, esperando el paso de los años.

Cuando el cuadro de López se presentó en el curso de una exposición en el Palacio Real madrileño, advertimos todo lo que había cambiado desde el encargo en aquellos años noventa aún luminosos, al menos en la percepción pública. La infanta Cristina mantiene ahora una relación muy complicada y distante con sus padres y hermanos desde que estalló el «caso Urdangarin» (la implicación de su marido en una trama de tráfico de influencias). Sabemos que las escapadas de don Juan Carlos han dinamitado cualquier atisbo de felicidad doméstica. En el ámbito más reducido las sonrisas han dado paso al mal humor y la desconfianza. Los trajes que visten los miembros de esta familia han quedado anticuados, quizá ya lo eran un poco en el momento de la pose; la familia real es muy conservadora, como corresponde, en materia indumentaria. Y por encima de todo: el monarca abdicó hace seis meses, dando paso a un nuevo rey: su hijo Felipe.

Y así, lo que vemos en su superficie no es exactamente a la familia real, sino el tiempo transcurrido desde 1994, cuando Antonio López recibió el encargo, hasta este 2014 que abre nuevas perspectivas a la monarquía española. Lo que percibimos es la tensión entre esa imagen que en los años noventa transmitía un enérgico optimismo de grupo, y su realidad actual según la conocemos por la prensa.

Como en la obra teatral de J. B. Priestley *La herida del tiempo*, la mirada retrospectiva sobre un núcleo familiar puede ser terrible porque, al trasladarnos a tiempos aurorales y mejores, pone de relieve sin misericordia las insuficiencias del presente.

## La ejemplaridad

Un gran capital simbólico fue, sin duda, el acumulado por Juan Carlos I en los círculos más distintos y hasta opuestos durante el cuarto de siglo que transcurre entre la muerte del dictador y el cambio de milenio.

Todavía en el año 2004, en vísperas del enlace del príncipe Felipe con Letizia Ortiz, Màrius Carol recorda-

El retrato de Antonio López *La familia de Juan Carlos I*,
actualmente expuesto en el Palacio Real de Madrid.
(Foto: © Antonio López, VEGAP, Barcelona, 2020.)

ba en su libro *Condición de príncipe* que la monarquía era la institución más valorada por los españoles, según las encuestas del Centro de Investigaciones Sociológicas. (Y otra encuesta realizada por Opina para *El País* matizaba que los ciudadanos en realidad no eran monárquicos, «sino juancarlistas».)

Y concluía al respecto mi compañero (y futuro jefe):

> La única cosa evidente en esta hora es que el modelo de monarquía en España ha conseguido un amplio consenso social y ha logrado erigirse en un elemento aglutinador de convivencia democrática. [...] También es verdad que la campechanía del rey ha servido para una proximidad a la población, sin que ello haya servido para eliminar ese halo simbólico, mágico, o metafísico si se quiere, que hace que la presencia de los miembros de la Familia Real despierte un especial respeto.

Pero su fin de trayecto va a coincidir con la propagación de los peores efectos de la crisis económica en España y la consiguiente difusión de un sentimiento de malestar, contestatario respecto a un sistema sociopolítico que desde algunos sectores empieza a criticarse no sólo como ineficaz, sino también como débil, y cuya honestidad se pone en duda.

En estos años, una voz poco conocida hasta entonces emerge. Javier Gomá publica en 2010 su libro *Ejemplaridad pública*, volumen final de la *Tetralogía de la ejemplaridad*.

En ciertas, raras, ocasiones históricas, algunos filósofos y literatos consiguen colocar en el debate comunitario un término que resume las aspiraciones y necesidades del momento. En la España de 2010, *ejemplaridad* es ese término. A nuestros políticos y gestores no sólo podíamos y debíamos exigirles que fueran eficaces; dado la que estaba cayendo, el mal momento por el que estaban pasando tantos ciudadanos, de quienes ocupaban la cúspide de la pirámide social cabía esperar que fueran, también, ejemplares. El rey, el primero.

En un volumen colectivo publicado en 2018 sobre la figura de Juan Carlos I, Javier Gomá traza una valoración general sobre la aportación histórica de don Juan Carlos. Voy a citar el texto con cierta extensión porque lo considero especialmente pertinente.

El filósofo empieza recordando que en la salida del franquismo y los inicios de la Transición prevaleció «un insólito espíritu de concordia». Y contribuyó a ella «que Juan Carlos I enunciara desde el principio una regla opuesta a la seguida por el dictador, cuya legitimidad nacía de la victoria militar de una mitad de España sobre otra: él, por el contrario, muy pronto se declaró rey de todos los españoles y para todos los españoles».

El autor de *Ejemplaridad pública* alude al «frágil punto de partida: un miembro de la dinastía histórica, nieto del último rey que abandonara sin honor trono y país, sucede al general con arreglo a la legislación franquista y hereda su poder autoritario». Y al «sólido punto de llegada: en 1978, una inmensa mayoría de los españoles aprueba en referéndum la vigente Constitución, que instaura en España una monarquía parlamentaria, auténtica "república coronada"».

Pero el panorama iba a complicarse. Gomá analiza la prosperidad económica de los años noventa y su correlato de especulación; los excesos del sistema y el auge de la figura del nuevo rico. «Una enrarecida atmósfera impregnó, como lluvia mansa y continua, las instituciones del país, sin excluir la suprema magistratura.» Y aquí aparece la necesidad de ejemplaridad. El término adecuado en el momento exacto:

> La Constitución dice que la persona del rey no está sujeta a responsabilidad, pero, bien mirado, le incumbe la responsabilidad no jurídica pero sí política, moral y estética de ser ejemplar, cuya expresión admite muchas modulaciones históricas. Así, la ejemplaridad de Juan Carlos I ofreció un perfil inicialmente heroico, protagonista principal en la epopeya de la Transición y busto televisivo resistente a los golpistas. En un segundo momento, el más largo, presidido por la normalidad democrática, asumió una forma popular y campechana, muy querida por la ciudadanía, según confirmaban repetidamente las encuestas, y merecedora de respeto por sus conocidos méritos como embajador de España en la escena internacional.

Pero eso se tuerce:

> En la última etapa, al cambiar el siglo, la ejemplaridad del monarca se somete a la prueba de determinadas informaciones relativas a su vida privada y patrimonial que, verdaderas o no, desconciertan o enfadan a la opinión pública.

Y añado yo que las noticias sobre negocios turbios de personajes próximos a Juan Carlos, como Manuel Prado y Colón de Carvajal, y las interminables historias sobre sus amantes pasan de ser pequeñas anécdotas de patio de comunidad a constituirse en un fardo de frivolidad e irresponsabilidad por parte del primer responsable de brindar la imagen a su país.

«Fastidiar una trayectoria vital en el último momento está al alcance de muy pocos, porque no abundan las personalidades brillantes, lo que limita el número de quienes pueden cometer la torpeza de borrar en unos días lo conseguido en décadas. Eso le pasó al mal llamado rey emérito, quien hace seis años, por estas fechas, anunció su abdicación y que hace un año decidió abandonar la vida pública y dejar de acudir a los actos oficiales que el rey le encomendaba», escribe en junio de 2020 la periodista Mariángel Alcázar. Que recuerda en el mismo artículo la definición de un amigo de Juan Carlos sobre éste: «Un gran rey, pero un hombre muy infeliz».

En otra definición adecuada, el historiador Juan Francisco Fuentes encuentra en la biografía de Juan Carlos I «un cúmulo inextricable de vicios privados y virtudes públicas». La distinción crucial de Kantorowicz entre «el rey como rey, y el rey como persona privada».

La falta de ejemplaridad en la última etapa de Juan Carlos I determina, tristemente, el descrédito de una trayectoria que tuvo una larga etapa históricamente muy positiva para España. Lo decía Orson Welles: «Si quieres un final feliz todo depende, por supuesto, de dónde detengas tu historia». Para que fuera feliz la historia pública de don Juan Carlos debería haberse detenido en un momento aún dorado, que bien podía coincidir con la antesala de la crisis económica de 2007. Y después se inicia el imparable desperdicio del capital simbólico. Con sus tremendas consecuencias políticas.

Al rey se le pide que sea sabio y prudente. En los últimos tiempos al menos, Juan Carlos I no ha exhibido estas dos importantes cualidades.

## RAZONES PARA SER MONÁRQUICO CON JUAN CARLOS I (Y PARA NO SER HOY JUANCARLISTA)

El Juan Carlos del período 1975-2000 representa una época de ascensión, solar, el mejor momento de la historia española en mucho tiempo. El país salía de las penumbras franquistas, conquistaba la ansiada democracia y enviaba un mensaje al mundo de libertad, eficacia y *joie de vivre.*

Juan Carlos rinde grandes servicios a España: se erige como elemento clave en la recuperación de las libertades, se consolida al frustrar el 23F, y ello le provee de la legitimidad democrática que se suma a la jurídica y a la dinástica. Todo ello confluye con un largo período de prosperidad económica y de gobierno socialdemócrata, con el ingreso en la Unión Europea y con un implícito pacto de protección por parte de los medios de comunicación hacia su figura, que se blinda. Durante varios lustros ni siquiera la intelectualidad más alineada a la izquierda carga contra el monarca. Su simpatía, intuición política y desparpajo personal ayudan decisivamente.

Desde el punto de vista del nacionalismo catalán, el rey es visto en círculos influyentes —aunque no hegemónicos— como un garante de la pluralidad del Estado.

La aportación de los monarcas a las grandes celebraciones del 92, momento cenital de todo este período, resulta de gran peso.

¿Por qué se autodinamitó Juan Carlos I? ¿A qué recóndita necesidad responde la ambición económica desmesurada para quien tiene la vida resuelta, y esa voracidad sensual que recuerda demasiado a la de Alfonso XIII y le lleva a ponerse en manos de compañías tan peligrosas, torpedeando el patrimonio moral tan trabajosamente logrado? ¿Cómo surgió esa sensación de impunidad que le ha resultado aciaga? Son preguntas para los grandes psicólogos. Muchos españoles fueron juancarlistas hasta que su leyenda negra se disparó más allá de lo aceptable para un concepto mínimamente ético del servicio público.

En cualquier caso, fue la propia institución monárquica, que le incluía, la que le apartó cuando pasó de ser un activo a convertirse en un lastre, facilitando así el relevo y la regeneración de la propia institución. La monarquía al servicio del país, y no a la inversa. Y el deber dinástico por encima del sentimiento familiar.

# 4. Felipe VI, rigor y calidez

Estaba previsto que en aquella visita del año 2004 a *La Vanguardia* los príncipes de Asturias recorrieran las plantas sexta y séptima del edificio de Diagonal n.º 477, donde se ubica el grueso de la redacción, pero no que visitaran la novena, que acogía entonces las publicaciones no diarias y donde estábamos nosotros.

A media mañana recibí una llamada para que nos preparáramos:

—Felipe y Letizia han pedido expresamente conocer el suplemento *Cultura/s*. Suben a la novena —me dijeron.

La charla duró un buen rato y ambos visitantes, especialmente la princesa, realizaron preguntas muy específicas que demostraban un buen conocimiento de la publicación, de la que ella se declaró «seguidora fiel», según recogió Quim Monzó en su crónica de la visita.

*Cultura/s* había aparecido tan sólo un año y medio antes, con una voluntad fuertemente innovadora en sus contenidos y sobre todo en su diseño. Semejante radicalidad no la veía muy clara algún directivo de la casa que en los últimos meses había insistido, frente al editor del diario, en la conveniencia de eliminar el suplemento. Argumentaba que era demasiado caro y que los contenidos no se entendían (lo cual estaba claro que era su caso). Una de esas pugnas que a menudo se plantean en las empresas periodísticas entre los departamentos económicos y la redacción.

Puesto que Javier Godó siempre ha apostado claramente por la información cultural, y además el suplemento *Cultura/s* era una de las iniciativas recientes, y personales, del entonces director José Antich, la campaña negativa no había cuajado. Pero el directivo insistía.

En la comida que aquel día ofreció el editor, y que reunió a los príncipes y varios altos cargos de la casa, se preguntó a la princesa Letizia, como antigua periodista, qué era lo que más le gustaba de *La Vanguardia*.

—El suplemento *Cultura/s* y «La Contra» (la sección diaria de entrevistas en la contraportada del diario) —respondió rauda.

Nuestro oponente en las altas esferas dejó en suspenso en los meses siguientes su opinión crítica del suplemento, que ha tenido después una larga vida y en noviembre de 2019 llegó a su número 900.

No estuve presente en ese almuerzo, cuyo transcurrir me reveló José Antich algún tiempo después. Y me dejó claro que la valoración favorable de los príncipes de Asturias, manifestada en el ámbito adecuado y realizada desde el conocimiento, respaldó en aquel momento clave la andadura del suplemento.

Visita de los príncipes de Asturias a la redacción de *La Vanguardia* el 9 de noviembre de 2004. El autor de este libro explica el funcionamiento del suplemento *Cultura/s* al príncipe Felipe, que hojea un número.

(Foto: © Pedro Madueño.)

## Maestros y referencias

A los actuales reyes de España les interesa la cultura de una forma seria y personal, en eso coinciden quienes los conocen. Si uno indaga cuál es la figura intelectual que tuvo más peso en la formación del todavía príncipe, los testimonios apuntan a la historiadora madrileña Carmen Iglesias, una de las personas que diseñaron la estructura de su educación. Iglesias habría sido a Felipe lo que Martín de Riquer fue a su padre, el rey Juan Carlos. Una intelectual de peso que le familiarizó, más allá de la inmediatez política, con los ritmos lentos de la historia.

Especialista en la Ilustración europea, con obras como *El pensamiento de Montesquieu* o *Razón y Sentimiento en el siglo XVIII*, Iglesias ha dirigido el Centro de Estudios Políticos y Constitucionales, y fue ennoblecida con el título de condesa de Gisbert por don Juan Carlos en reconocimiento a su trabajo. Actual directora de la Real Academia de la Historia, durante la crisis del coronavirus fue una de las personas con las que se entrevistó por vía telemática Felipe VI para evaluar la situación.

—Don Felipe —apuntaba Iglesias en unas declaraciones a *ABC*— ha aprendido mucho de la historia; por ejemplo, el peligro cuando hay un vacío de poder. Y ha aprendido también ejemplarmente muchas cosas de su padre el rey don Juan Carlos y de la historia familiar. El conocimiento de la historia le fascinaba, porque da unas claves que siempre se ensanchan.

En esa entrevista, la estudiosa recordaba una metáfora del monarca: «Cuanto más conoces la historia, más compleja se vuelve, como un embudo al revés, que no sintetiza, sino que extiende el conocimiento».

No obstante, para profundizar en el marco de las referencias culturales del actual monarca era imprescindible desplazarse a Oviedo. Y, en algún salón del hotel Reconquista, hablar con los responsables de la Fundación Príncipe de Asturias —hoy Princesa—, que entrega los premios del mismo nombre. Yo lo hice en 2014 tras la abdicación de Juan Carlos I.

La directora de la fundación, Teresa Sanjurjo, estuvo contundente:

—S. M. el rey Juan Carlos I podría haber optado por otras posibilidades institucionales para el príncipe, pero se decidió por ésta, que tiene un significado de ejemplaridad, y reconoce a los mejores, fijando la pauta. Don Felipe ha crecido rodeado de estos ejemplos, que han marcado su desarrollo. Él lo ha dicho: «Mi destino está vinculado a la Fundación Príncipe de Asturias».

La fundación —resumió Sanjurjo— «le ha facilitado el trato con las mejores mentes de nuestro siglo, ha discutido mucho con ellos y lo ha asimilado, ganando una perspectiva muy global».

La relación entre los galardonados y quien otorga el premio no es, según la directiva, rutinaria: «Los hasta ahora príncipes han seguido con atención los pasos de la Fundación, mantenemos reuniones formales y otras informales, conocen las candidaturas. Desde el punto de vista personal, la misma curiosidad y avidez de conocimientos están presentes en ambos. Con ellos la música y las películas constituyen temas de conversación constantes».

La Fundación Príncipe de Asturias nació en 1981. En los inicios, sus galardones estuvieron circunscritos al ámbito hispanoamericano, pero, a partir de los años noventa, cogen vuelo y se internacionalizan, con una intención manifiesta de convertirse en algo así como «los Nobel españoles», término que a los organizadores no les gusta, pero que ha cuajado popularmente.

Detrás de su nacimiento y despegue se halla una fuerza motora: el periodista Graciano «Chano» García, personaje de energía legendaria, hoy director emérito vitalicio —consta en su tarjeta— de la institución. Nacido en un pueblo de la cuenca minera, comprometido con la lucha democrática de fines del franquismo, tras el cierre del rotativo *Asturias Diario*, que dirigía, concibió la idea de un evento que combinara la vinculación con Asturias de la monarquía democrática española (entonces en un momento álgido de prestigio tras el 23F), la necesidad de proyección del Principado y un afán de reconocer el esfuerzo y la excelencia que, según su biógrafo Juan de Lillo, García arrastra de su infancia en un entorno duro. Y que obtuviera amplia repercusión mediática.

Consiguió la complicidad de Sabino Fernández Campo, entonces secretario de la Casa del rey Juan Carlos I, y de distintas instituciones; esquivó las inevitables zancadillas, y el proyecto echó a andar. Lideró la institución hasta el año 2009, en que asumió su timón Sanjurjo, una licenciada en Derecho con amplio currículum en el campo de las entidades no lucrativas, que había sido previamente directora general de la Asociación Española de Fundaciones.

Chano ha tenido un trato muy directo y continuado con ese heredero al trono de España que ha visto crecer, así que su testimonio, que no puede ni quiere evitar la emotividad, resulta imprescindible:

—El príncipe —me dijo ese año 2014 en que Felipe asumió la corona— tiene la sensibilidad de su madre en temas culturales y especialmente artísticos, relacionados con la música y la pintura. Su andadura pública empezó a los doce años en Asturias, y en esta tierra ha recibido muchas cosas, afecto, cercanía, una manera de relacionarse. También aquí ha mantenido cada año relación con los premiados, con quienes habla largamente. Todo eso ha ido despertando y formando una sensibilidad que va con su carácter.

Veamos algunos de los galardonados por la Fundación a lo largo de casi cuatro decenios, algunas de esas «mejores mentes de nuestro siglo» con las que Felipe VI ha tenido oportunidad de debatir desde sus años adolescentes.

- En literatura: Camilo José Cela, Günter Grass, Doris Lessing, Arthur Miller, Fatima Mernissi, Francisco Umbral, Susan Sontag, Claudio Magris, Nélida Piñón, Paul Auster, Amos Oz, Margaret Atwood, Amin Maalouf, Leonard Cohen...
- En Ciencias Sociales: Julio Caro Baroja, John Elliott, Raymond Carr, Anthony Giddens, Jürgen Habermas, Giovanni Sartori, Ralf Dahrendorf, Tzvetan Todorov, Alain Touraine, Zygmunt Bauman, Howard Gardner...

- En Comunicación y Humanidades: María Zambrano, Claudio Sánchez Albornoz, Josep Ferrater Mora, Horacio Sáenz Guerrero, Václav Havel, Umberto Eco, Hans Magnus Enzensberger, Ryszard Kapuściński, Jean Daniel, Annie Leibovitz…
- En Artes: Eduardo Chillida, Antonio López, Vittorio Gassman, Sebastião Salgado, Krzysztof Penderecki, Barbara Hendricks, Woody Allen, Miquel Barceló, Maya Plisétskaya, Paco de Lucía, Pedro Almodóvar, Norman Foster, Richard Serra, Riccardo Mutti, Michael Haneke…

Las conversaciones con todos estos personajes habrían constituido el auténtico posgrado del príncipe, de un nivel no precisamente desdeñable.

A Chano García, amante de la poesía, sobre todo la española de línea clara, le gusta recordar que el actual rey también lo es: «Don Felipe cita mucho a Unamuno, Cernuda, Valente, Machado. También a Blas de Otero. Sentía una gran simpatía personal por Pepe Hierro, porque le gusta la autenticidad, la gente transparente. Y por Antonio Colinas, que ayudó con mucha generosidad a consolidar nuestro premio de las Letras. Yo creo que es el líder político actual que más cita a los poetas en sus discursos importantes para apoyar sus ideas».

Don Felipe, me reveló el veterano periodista, «habla con mucha más gente de la que sabemos. En cuanto escucha a alguien que le interesa, le manda aviso sugiriendo una cita. Lo hizo por ejemplo tras una entrega del premio príncipe de Viana con el filósofo Daniel Innerarity. Pidió su discurso y poco después se vieron».

Le pregunté a Graciano si creía que con Felipe VI iba a abrirse un reinado cultural.

—Será un reinado multidireccional de acuerdo con las circunstancias que viva el país —me respondió veloz—. Para Felipe, los marginados y los que sufren constituyen su primera preocupación, y éste será el vector fundamental de su reinado. Pero nunca estará separado de la cultura. Él tiene la convicción de que la cultura es esencial, salvadora. Se trata de un punto de vista muy reiterado, puedes leerlo en sus discursos.

Para la asturiana Letizia Ortiz, la cultura resulta básica en el plano vital. Desde siempre. En el diario ovetense *La Nueva España*, donde fue becaria, se la recuerda, además de por su perfeccionismo y ambición profesional, por su buena disposición para redactar temas culturales. Se casó, en primeras nupcias, con un escritor y profesor de literatura. Ya comprometida con el príncipe, le ha gustado cultivar las relaciones con el mundo de las letras. Y una de las personas con las que Letizia mejor conectó en este campo fue Carmen Balcells. «Conocí a la princesa hace diez años —me explicó la legendaria agente literaria catalana en 2014— y fue ella quien tuvo interés en que nos encontráramos, porque había vivido un tiempo en México y, en los círculos donde se había movido, yo era más popular que en España. A través de Carmen Iglesias me convocó a un almuerzo; acudió también una amiga suya de Gijón, hermana de un escritor ya fallecido que yo representaba. Fue un encuentro divertido, respetuoso, porque ella era la novia del príncipe, y yo le contesté a muchas preguntas, todas atinadas, que hizo para comprender qué demonio de trabajo era el mío.»

Balcells se me resistió, modestamente, a reconocer que había aconsejado a Letizia en materias culturales: «De ninguna manera; si soy sincera, ella me ha aconsejado más a mí. Sabe muchísimo y, lo que sabe, muy bien ordenado». La carismática y volcánica representante, fallecida en 2015, sí admitía que en cierta ocasión les organizó a los príncipes una cena: «Fue después de su matrimonio, porque ella tenía mucho interés en conocer a Eduardo Mendoza y a Félix de Azúa. Yo los junté con los príncipes en un restaurante de Barcelona. Margarita Rivière y el editor Claudio López Lamadrid también acudieron».

Letizia ha sintonizado con otros escritores próximos a la agente. Aceptó presidir el ingreso en la Real Academia Española de Carme Riera. Y es una admiradora de la obra de Mario Vargas Llosa, quien a su vez no vacila en publicitar su buena opinión de la actual reina.

Cuando le pedí su valoración cultural sobre Felipe y Letizia, Carmen Balcells adoptó un tono casi solemne: «La impresión que me causan, incluso con el temor serísimo de parecer pelota, es que ambos son extraordinarios. Con nota *cum laude* el príncipe, que capitaliza una educación exquisita, extremadamente completa y compleja. Y a favor de la princesa hay que señalar el esfuerzo tan notable que ha acumulado una sola persona, y en sólo diez años. Ambos me parecen preparados para cualquier cosa que la vida les depare».

## Gaiteros en Oviedo

Había estado en Oviedo en 1998 para entrevistar a uno de los galardonados, Reinhard Mohn, patrón de Bertelsmann, y me bastó para comprobar que la ciudad se tomaba los premios muy en serio. En el año 2012 fui invitado a incorporarme como jurado al Príncipe de Asturias de las Letras, y constituyó una estupenda oportunidad para entender cómo funcionan por dentro.

Oviedo, efectivamente, se vuelca durante la entrega, que constituye el más destacado acontecimiento sociocultural del año. Se contemplan ocho categorías de premios, dotados con 50.000 euros. El acto central tiene lugar cada año un viernes de octubre en el teatro Campoamor, recinto de ópera fundado en 1892, bautizado por Leopoldo Alas «Clarín» y colindante con Campo San Francisco, el más céntrico parque ovetense.

La entrada es solemne. Los cientos de invitados —ésta es una invitación muy buscada—, a los que se solicita indumentaria formal (pero no etiqueta, porque se quería evitar un tono rancio), acceden al recinto a partir de las cinco de la tarde entre las bandas de gaiteros. Su música se impone sobre las protestas contra la ceremonia que, en un segundo plano, también suelen producirse en la plaza de la Escandalera, con mayor o menor asistencia y sin llegar a oscurecer el acto.

Felipe y Letizia, cogida de su brazo, entran a las seis por el pasillo central y, antes de acceder al escenario, saludan a la reina Sofía, quien, atenta en su palco, siempre es objeto de un cálido aplauso. La ceremonia se desarrolla durante una hora y media, con dinamismo y a la vez un marcado sentido ritual y protocolario. Los colores dominantes en la puesta en escena son los azules de la bandera asturiana.

En su transcurso, el rey ejerce de maestro de ceremonias, dando voz a los distintos oradores. A lo largo del acto escucha con atención los diferentes discursos: primero el del presidente de la Fundación, y después los de algunos premiados (no todos).

Aunque las estrellas de 2012 fueron los futbolistas Xavi Hernández e Iker Casillas, quien leyó un discurso que me impresionó fue la filósofa estadounidense Martha Nussbaum, vestida con un conjunto de brillantes colores que dejaba sus musculados brazos al descubierto. Toda ella transpiraba energía en la reivindicación de su disciplina como contrapeso a los indicadores macroeconómicos: «Necesitamos —señaló— una educación bien fundada en las humanidades para realizar el potencial de las sociedades que luchan por la justicia. Las humanidades nos proporcionan no sólo conocimientos sobre nosotros mismos y sobre los demás, sino que nos hacen reflexionar sobre la vulnerabilidad humana y la aspiración de todo individuo a la justicia, y nos evitarían utilizar pasivamente un concepto técnico, no relacionado con la persona, para definir cuáles son los objetivos de una determinada sociedad. No me parece demasiado atrevido afirmar que el florecimiento humano requiere el florecimiento de las disciplinas de humanidades. Por lo tanto, agradezco que la Fundación Príncipe de Asturias haya reconocido a las humanidades como una parte importante del pensamiento social para el futuro».

También el príncipe realizó una sólida intervención: «Estamos viviendo, desde hace años, cambios muy profundos que afectan a nuestro modelo de vida, a nuestra economía; incluso a la propia evolución política de Europa. Vivimos en una sociedad que acelera el tiempo y acorta las distancias; que hace de la transformación y el cambio la norma, la regla general; y que está dando lugar a un nuevo escenario de mayor complejidad para todos. Y debemos asumir que todo ello exige nuevas mentalidades y nuevas actitudes, nuevos comportamientos individuales y colectivos; exige elevar la mirada y ampliar nuestro horizonte hacia el futuro, con una mente abierta, con valentía y con ambición de avanzar y de estar en vanguardia; cultivando siempre, como dice nuestra premiada Martha Nussbaum, la capacidad de reflexión y el pensamiento crítico», señaló.

De Felipe había escrito poco antes un analista poco oficialista, Manuel Castells, que «puede conectar con la nueva generación, muchos de cuyos valores comparte. Él puede regenerar una institución que solamente tiene sentido si inspira confianza y confiere legitimidad». Me pareció que soplaban aires nuevos para el nuevo ciclo de la política española que se avecinaba.

Al año siguiente, 2013, pude constatar la imbricación de los galardonados en la vida cultural del principado. Oviedo, Gijón y Avilés cobijaron actos multitudinarios, en las universidades e institutos y en centros como el Niemeyer, donde la fotógrafa Annie Leibovitz, el cineasta Michael Haneke o los miembros de la sociedad

Max Planck desarrollaron sus puntos de vista ante los alumnos y el público interesado.

Asistí a la charla con Saskia Sassen, premio de Ciencias Sociales, que tenía que celebrarse al aire libre en la plaza Feijóo, pero finalmente, por imperativo de la lluvia astur, se trasladó al auditorio del Museo Arqueológico. Además de una brillante socióloga de la globalización, Saskia Sassen es una mujer simpática, que habla un jugoso español porteño y de cuando en cuando interrumpe sus reflexiones para prorrumpir en una risotada. Algunos colectivos le habían pedido que renunciara al premio «monárquico» en signo de protesta antisistema. Sassen les recordó que en el momento que se estaba viviendo, con la universidad acosada en todo el mundo por los recortes, reconocimientos así no sólo habían de ser bienvenidos, sino que resultaban muy necesarios. A cambio informó de que cedería su importe a iniciativas sociales, como el de Cocina Económica de Oviedo.

Sassen hizo también hincapié en que en una situación de asedio al Estado de bienestar por parte del sistema económico globalizado, los ciudadanos, y en especial la clase media modesta, que en su tesis es el principal agente de resistencia en el ámbito europeo, han de tener presente que los derechos que ven recortados no son fruto de graciosas cesiones, sino de largas batallas. Por tanto tienen toda la legitimidad para hacer sus reclamaciones al Estado.

La socióloga se refería a la importancia de todo «lo que hemos conseguido», y me llamó la atención constatar que, en un sentido muy diferente, lo hacía también al día siguiente, en el acto oficial del teatro Campoamor, el premiado de las Letras. Antonio Muñoz Molina recordó la alusión de José Hierro en su discurso de 1981, primer año de los premios Príncipe de Asturias, al «aire de libertad que respiramos», y constató que treinta y dos años después lo seguimos inhalando «en el período mas largo de libertad que se ha conocido en la historia entera de nuestro país».

Sin esa libertad, añadió el autor de *Beltenebros*, «no habría sido posible la generación literaria a la que yo pertenezco. Incluso nos hemos acostumbrado tanto a ella que corremos el peligro de no saber ya apreciarla. Es nuestra responsabilidad salvar lo que ganamos».

En aquel 2013 el nuevo ciclo de la política española ya había empezado a lanzar sus dardos a la «cultura de la Transición». Faltaba medio año para el relevo en la institución monárquica. Cuando las valoraciones a la baja de lo que representó devenían ya tópicos de lo más tosco, las palabras del autor jiennense me parecieron de estricta justicia. Era una forma de poner de manifiesto lo que el período abierto en 1975 había significado para toda una generación. Que es la mía.

## Una proyección mejorada

La ceremonia de los premios Princesa de Asturias figuran entre los contados eventos anuales que integran, y de forma potente, los ámbitos de las humanidades, la creación literaria y estética, la ciencia, la cooperación y el deporte. Los discursos —entre cinco y diez minutos; no todos los premiados hablan— suelen ofrecer una celebración del carácter multidisciplinar del conocimiento y el valor, incluso práctico, del humanismo. Por sus protagonistas y por su contenido, representan una proyección sintética de lo mejor que ofrece la sociedad y la cultura actual en sus distintos campos. Un espejo ideal o, como dicen los publicitarios, aspiracional, para la ciudadanía.

Entre los que recuerdo especialmente figura, en octubre de 2016, el del novelista norteamericano Richard Ford, quien manifestó que, aunque los temas de sus libros a menudo son duros y graves, «la literatura sirve para sembrar semillas de optimismo y recordar que la vida vale la pena».

La historiadora de la Roma antigua Mary Beard, que había hecho campaña para favorecer la restauración del latín en las escuelas, lo recibió en aquella misma convocatoria «en nombre de los profesores que trabajan duro para que nuestra conversación con el mundo clásico sea tan cautivadora». Núria Espert recitó a Shakespeare en catalán y a Lorca en castellano.

El genio de la biónica Hugh Herr no habló. Pero el movimiento preciso y elegante de sus piernas robóticas sobre el escenario constituyó el más elocuente, y emocionante, de los mensajes.

Desde que la tecnología ha permitido que sus discursos tengan un soporte de telepronter, el mensaje de Felipe VI llega con mucha claridad y cercanía al público. En algunas ocasiones ha habido algún desajuste, pero sin incidencia, ya que el monarca lleva el discurso también en papel y, por lo que parece, muy bien ensayado. Su oratoria se ha asentado con los años y ha ganado en dicción y entonación. Son varias las voces que señalan que la experiencia periodística de la reina ha tenido mucho que ver en este aspecto.

En el plano del contacto humano, el viernes, que es el día de entrega, los reyes comparten con los galardonados la comida en un salón del Reconquista. La convocatoria es a las dos de la tarde y acaba puntual. Los invitados se sirven en alguno de los largos bufés. Hay ensalada, pequeñas raciones de fabada, un par de opciones de plato caliente, variedad de quesos cántabros, fruta y dulces como el tradicional carbayón. Mediado el almuerzo, las puertas se abren y los comensales de los otros dos salones —básicamente jurados y patrocinadores— pueden moverse libremente y aproximarse a monarcas y premiados.

Es habitual que el rey se levante de su silla y vaya al bufé con un plato para llevar una selección de postres a los ocupantes de su mesa. Atento siempre a las personas que se le acercan, es él quien se aproxima e intercambia saludos y unas breves palabras de forma distendida. Mira siempre a los ojos de sus interlocutores y escucha con atención cuando le hablan.

En este almuerzo el rey atiende y habla en *petit comité*. La recepción de la noche en el mismo hotel, tras la ceremonia del teatro Campoamor, resulta multitudinaria, acoge a centenares de representantes de la sociedad ovetense y en ella los monarcas se ven incesantemente solicitados para todo tipo de fotos de grupo y selfis, a lo que acceden con amabilidad.

## El discurso del rey frente al independentismo catalán

Los primeros tiempos del reinado de Felipe VI coincidieron con la eclosión del movimiento independentista catalán.

Desde la primera década del siglo XXI había ido creciendo entre los políticos del ámbito nacionalista el deseo de subir el listón de sus reivindicaciones, una vez jubilado Jordi Pujol y cerrado su mandato. Una producción bibliográfica y periodística no muy amplia pero constante servía las bases ideológicas. Las oscilaciones y retrasos en el Tribunal Constitucional con el nuevo Estatuto de Autonomía —trato reprobable para un texto poco deseado, insuficientemente pactado y poco votado, pero aprobado en las distintas instancias catalanas— abonan el descontento.

En 2011 nace la Asociación de Municipios para la Independencia, y en el 2012 la Assamblea Nacional Catalana, ambas con objetivos explícitamente independentistas; y alguna asociación veterana como Òmnium Cultural se suma a la corriente que busca romper con España. Arrastran con ellos a sectores significativos de la población.

El 11 de septiembre de 2012, la habitual manifestación nacionalista de «la Diada» toma un giro masivamente favorable a la independencia, y el entonces presidente de la Generalitat Artur Mas decide asumirlo, llevando con él hacia el radicalismo a su partido Convergència, que hasta entonces se movía en una cierta moderación. Pero también en ese inicio de década están empezando a aflorar casos de corrupción relacionados con el partido gobernante, a partir del desfalco del Palau de la Música por Fèlix Millet y que llegarán a la revelación de los negocios turbios de Oriol Pujol, hijo del *president*. En el seno de Convergència, sumarse al huracán independentista parece útil también para tapar el escándalo de las evidencias delictivas.

En los años siguientes la agitación independentista crece ampliamente en Cataluña, con un apoyo popular importante pero no suficiente: los votantes entregan una y otra vez su confianza mayoritaria a partidos no independentistas. Pero la ley electoral catalana, que privilegia los territorios rurales menos poblados, permite que el independentismo, que nunca supera el 50 por ciento de las votaciones, goce ahora de mayoría en el Parlamento catalán, una vez culminada la transformación de Convergència. Sectores maltratados por la crisis económica, o directamente antisistema, se suman a la ola reivindicativa.

El gobierno español del Partido Popular, dirigido por Mariano Rajoy, no efectúa movimientos significativos para contrapesar esta tendencia; ni es capaz de proponer una negociación política a sus representantes, a pesar de recibir desde Cataluña numerosas alertas de su rápido incremento desde los ámbitos más variados. Y, en palabras de Jordi Amat, «entre los múltiples fallos de la gestión de la Moncloa, uno de los más significativos fue la falta de una diplomacia *soft* para contrarrestar la efectiva campaña que la Generalitat impulsó —en la prensa, en la academia, a través de programas de gobierno y contratando a *lobbies*— para afianzar su posición en centros de poder global».

Los independentistas exigen un referéndum sobre la hipotética desvinculación de España. Simultáneamente los medios públicos catalanes alimentan descaradamente la hispanofobia, renunciando a cualquier apariencia de neutralidad. Hacia 2015 empieza a ganar peso en ámbitos independentistas la idea de que, puesto que por las vías legales les va a ser imposible conseguir su objetivo del referéndum —en realidad no era imposible, pero sí requería un proceso muy largo y trabajoso—, la solución es una DUI (declaración unilateral de independencia).

En medios independentistas radicales se multiplican los agravios al rey y las quemas públicas de sus retratos. Las señales de que los gobernantes están preparados para desobedecer la ley se multiplican. El nuevo presidente de la Generalitat, Carles Puigdemont, se ufana de ello en abril de 2017 colgando en Twitter su foto junto a un tablero con cinco notificaciones del Tribunal Constitucional por distintas cuestiones, y la leyenda «No deixarem d'anar endavant».

En agosto de ese año se produce el atentado terrorista de las Ramblas barcelonesas, que causa 16 muertos y más de 130 heridos. En el homenaje a las víctimas, el rey es insultado por grupos independentistas sin que las autoridades catalanas (y barcelonesas) le brinden un mínimo perímetro de seguridad para evitarlo. La televisión pública catalana filma con fruición el episodio.

En septiembre de 2017, la mayoría independentista pasa en el Parlamento de Cataluña dos leyes para facilitar el referéndum y la inmediata secesión si la respuesta de éste es positiva, contra el aviso de los propios consejeros jurídicos de la institución, que consideran la iniciativa anticonstitucional y contraria al Estatuto de Autonomía. En una sesión tormentosa, la presidenta del Parlamento niega el derecho de réplica a los partidos de la oposición, que en su mayoría abandonan la sala. La tensión se incrementa en Cataluña sin que el gobierno de España reaccione.

El 1 de octubre se celebra el referéndum ilegal, con la pregunta «¿Quiere que Cataluña sea un Estado independiente en forma de república?», y sin ningún tipo de garantía para los votantes (acude en torno a un 43 por ciento del censo), que pueden repetir voto en distintas mesas si así lo desean. El resultado rubrica abrumadoramente la secesión. La coordinación de las fuerzas del orden es confusa, tienen lugar algunos deplorables excesos policiales y las imágenes de heridos se difunden internacionalmente. El ministro del Interior del gobierno de Rajoy, Juan Ignacio Zoido, ni siquiera se persona en Barcelona durante la tensa jornada.

El independentismo hincha las cifras de la represión: los ocho ingresados en un hospital (cuatro de ellos graves) se convierten en centenares de víctimas. En Cataluña empieza a darse por hecho que el desafío independentista, ya sin ningún tipo de freno, va a tirar adelante. La inquietud cunde entre quienes no suscriben los objetivos del *procés*.

Dos días después del ilegal referéndum habla por televisión Felipe VI. Su discurso es muy relevante, así que lo reproduciré íntegro:

> Estamos viviendo momentos muy graves para nuestra vida democrática. Y en estas circunstancias,

quiero dirigirme directamente a todos los españoles. Todos hemos sido testigos de los hechos que se han ido produciendo en Cataluña, con la pretensión final de la Generalitat de que sea proclamada —ilegalmente— la independencia de Cataluña.

Desde hace ya tiempo, determinadas autoridades de Cataluña, de una manera reiterada, consciente y deliberada, han venido incumpliendo la Constitución y su Estatuto de Autonomía, que es la ley que reconoce, protege y ampara sus instituciones históricas y su autogobierno.

Con sus decisiones han vulnerado de manera sistemática las normas aprobadas legal y legítimamente, demostrando una deslealtad inadmisible hacia los poderes del Estado. Un Estado al que, precisamente, esas autoridades representan en Cataluña.

Han quebrantado los principios democráticos de todo Estado de derecho y han socavado la armonía y la convivencia en la propia sociedad catalana, llegando —desgraciadamente— a dividirla. Hoy la sociedad catalana está fracturada y enfrentada.

Esas autoridades han menospreciado los afectos y los sentimientos de solidaridad que han unido y unirán al conjunto de los españoles; y con su conducta irresponsable incluso pueden poner en riesgo la estabilidad económica y social de Cataluña y de toda España.

En definitiva, todo ello ha supuesto la culminación de un inaceptable intento de apropiación de las instituciones históricas de Cataluña. Esas autoridades, de una manera clara y rotunda, se han situado totalmente al margen del derecho y de la democracia. Han pretendido quebrar la unidad de España y la soberanía nacional, que es el derecho de todos los españoles a decidir democráticamente su vida en común.

Por todo ello, y ante esta situación de extrema gravedad que requiere el firme compromiso de todos con los intereses generales, es responsabilidad de los legítimos poderes del Estado asegurar el orden constitucional y el normal funcionamiento de las instituciones, la vigencia del Estado de derecho y el autogobierno de Cataluña, basado en la Constitución y en su Estatuto de Autonomía.

Hoy quiero, además, transmitir varios mensajes a todos los españoles, particularmente a los catalanes.

A los ciudadanos de Cataluña —a todos— quiero reiterarles que, desde hace décadas, vivimos en un Estado democrático que ofrece las vías constitucionales para que cualquier persona pueda defender sus ideas dentro del respeto a la ley. Porque, como todos sabemos, sin ese respeto no hay convivencia democrática posible en paz y libertad, ni en Cataluña, ni en el resto de España, ni en ningún lugar del mundo. En la España constitucional y democrática, saben bien que tienen un espacio de concordia y de encuentro con todos sus conciudadanos.

Sé muy bien que en Cataluña también hay mucha preocupación y gran inquietud con la conducta de las autoridades autonómicas. A quienes así lo sienten, les digo que no están solos, ni lo estarán; que tienen todo el apoyo y la solidaridad del resto de los españoles, y la garantía absoluta de nuestro Estado de derecho en la defensa de su libertad y de sus derechos.

Y al conjunto de los españoles, que viven con desasosiego y tristeza estos acontecimientos, les transmito un mensaje de tranquilidad, de confianza y, también, de esperanza.

Son momentos difíciles, pero los superaremos. Son momentos muy complejos, pero saldremos adelante.

> Porque creemos en nuestro país y nos sentimos orgullosos de lo que somos. Porque nuestros principios democráticos son fuertes, son sólidos. Y lo son porque están basados en el deseo de millones y millones de españoles de convivir en paz y en libertad. Así hemos ido construyendo la España de las últimas décadas. Y así debemos seguir ese camino, con serenidad y con determinación. En ese camino, en esa España mejor que todos deseamos, estará también Cataluña.
>
> Termino ya estas palabras, dirigidas a todo el pueblo español, para subrayar una vez más el firme compromiso de la Corona con la Constitución y con la democracia, mi entrega al entendimiento y la concordia entre españoles, y mi compromiso como rey con la unidad y la permanencia de España.

El rey habla con severidad. Se ha dicho que sin compasión para los heridos. Se ha dicho que sin empatía. Cuando lo escuché por primera vez, también detecté un tono antipático y me faltaron, quizá, algunas palabras en catalán.

He vuelto sobre este discurso en varias ocasiones y hoy pienso que el rey hizo lo que tenía que hacer. Lo que constitucionalmente debía hacer: ejercer su papel al frente del Estado, en uso de sus poderes simbólicos «que sólo se hacen efectivos en situación de emergencia», como era el caso aquel 3 de octubre, según ha apuntado el analista José Antonio Zarzalejos. Desempeñar una misión esencial que no es otra, según este mismo analista, que «mantener incólume la democracia constitucional de 1978». Y la integridad del reino.

¿Qué pedía, qué exigía el rey? Una obviedad. Que se respetara la ley en Cataluña. ¿Qué ofrecía el rey? Algo muy necesario: la convicción de que los catalanes no independentistas no seríamos olvidados ni dejados de lado. Algo que, en aquellos momentos, muchos precisamente empezábamos a temer que ocurriera, vista la estrategia abandonista de Rajoy.

Me pareció especialmente oportuna la alusión de Felipe a la «deslealtad inadmisible» de los dirigentes independentistas. Porque no la mostraron únicamente «hacia los poderes del Estado» que en efecto representaban. Lo fue también frente al conjunto de la sociedad catalana: hacia sus votantes, a quienes prometieron unos logros que ellos mismos sabían que no podrían conseguir; y hacia quienes no les votaron, cuyos derechos —y cuya representación parlamentaria— se mostraron tan decididos a conculcar.

Ese mensaje tuvo consecuencias importantes. En los días siguientes a la intervención de Felipe VI, las dos principales entidades bancarias catalanas, la Caixa y el Banco de Sabadell —que ya habían advertido de su inquietud tras las masivas retiradas de depósitos y por una posible salida de Cataluña de la zona euro—, trasladaron sus domicilios fiscales fuera del territorio autonómico. Tras ellas seguirían una riada de empresas. A la vez, en el ámbito internacional, uno tras otro el Parlamento europeo y los principales países occidentales advirtieron contra la DUI, reclamaron respeto a la ley e hicieron llegar el mensaje de que, en caso de que Cataluña se convirtiera en un país independiente, no lo reconocerían.

El discurso del rey contribuyó en buena medida a pinchar dos de los principales globos conceptuales que el independentismo había lanzado: que la puesta en marcha de la República catalana se desarrollaría con el aplauso de los actores económicos, y que obtendría el reconocimiento casi automático de la comunidad internacional. En ambos ámbitos, supuestamente, los integrantes del gobierno catalán llevaban tiempo creando opinión favorable y seduciendo, y habían conseguido su aquiescencia. Lo cual era una falsedad.

¿Por qué hizo el rey ese discurso? ¿Fue por indicación de Mariano Rajoy, según se dijo en su momento? Al parecer no sólo no fue a sugerencia del presidente del gobierno, sino que ocurrió exactamente al revés, si creemos lo que me explicó una figura relevante del entorno de Felipe VI. El rey y sus colaboradores, con peso especial de la reina Letizia, optaron por que lo pronunciara vista la inacción del gobierno del Partido Popular, que estaba permitiendo la vulneración constante de la ley en Cataluña, no ofrecía negociación política y tampoco ponía ningún obstáculo a lo que llevaba camino de ser la fractura del Estado. El rey pidió varias veces hablar a los españoles —y sobre todo a los catalanes— por televisión y al final el presidente del gobierno accedió a que lo hiciera.

## El apoyo europeo

Ese otoño de 2017 fue intenso y angustioso. Llegué a Asturias menos de dos semanas después de que el *president* Puigdemont hubiera declarado —e inmediatamente suspendido— la independencia catalana *de facto*. Yo había recorrido, la tarde de aquel 10 de octubre, las calles de Barcelona, había caminado entre la multitud proindependentista desde el Parlamento de Catalunya hasta el palacio de la Generalitat, donde no se llegó a arriar la bandera española. Atónito y sin entender muy bien qué estaba ocurriendo realmente. En los días que siguieron algunos dirigentes separatistas escapaban de España y otros eran detenidos.

Llegaba a Asturias tras dos meses de estrés provocado por el apogeo *procesista*. Y en un momento en que el gobierno de España preparaba la aplicación del artículo 155 de la Constitución, que intervendría la autonomía catalana entre el 27 de octubre de 2017 y el 2 de junio de 2018.

Yo venía de un viaje de trabajo a Marruecos con periodistas culturales de toda España. En su transcurso había surgido una y otra vez «el tema» a través de una pregunta que mis colegas me reiteraban con preocupación sincera: ¿como una sociedad tan próspera, avanzada y en principio apacible como la catalana se había metido tan decididamente en un sendero de división, inseguridad jurídica y desguace económico?

No tenía respuesta, claro. Esos días no tenía respuestas para casi nada. Pero acabar la semana en Oviedo me proporcionaba al menos una dosis de oxígeno espiritual tras las semanas de monodosis política debida al *procés*.

En Letras premiábamos a Adam Zagajewski, el sutil poeta polaco que paseaba feliz por los salones del Reconquista con sus difusores en castellano (Martín López Vega), catalán (Biel Mesquida) y asturiano (Xuan Bello).

Pero la de aquel año 2017 fue una entrega rara, impregnada también por «el tema». Una entrega que contó con la inhabitual presencia del presidente del gobierno, Mariano Rajoy, y con tres invitados de honor especialmente reseñables, debido a que la Unión Europea recibía el Premio de la Concordia: el presidente del Parlamento Europeo, Antonio Tajani; el presidente del Consejo Europeo, Donald Tusk; y el presidente de la Comisión Europea, Jean-Claude Juncker. «Oviedo, capital política de Europa», podía leerse en un titular del diario asturiano *El comercio*.

Esta triple presencia en la ciudad se leyó como un claro mensaje de apoyo europeo al rey y al gobierno español frente a la escalada independentista. Porque los invitados fueron claros en sus declaraciones a la prensa reunida en Oviedo y en sus intervenciones desde el azulado escenario del Campoamor. El que más, Tajani: «A nadie se le ocurre en la UE —señaló el político italiano en el teatro— saltarse las normas aprobadas entre todos. Y mientras el Derecho no se cambie, su respeto no es una opción: es una obligación. Los tratados de la Unión Europea y la Constitución forman un solo cuerpo legal y democrático que todos tenemos el deber de respetar». Y llamó a «no poner en riesgo el valor del consenso, constitucional y europeo» en tiempos en los que «los egoísmos nacionalistas salen a flote».

El luxemburgués Juncker, por su parte, valoró que España «ha conocido todos los tormentos» que «han marcado el ritmo de la evolución europea en el siglo xx» hasta convertirse «en una fuerza motriz de Europa». «El lugar de España es y seguirá siendo estar en el corazón de Europa; sin España, Europa sería mucho más pobre.»

El presidente de la Comisión elogió la militancia en pro de la Unión del rey Juan Carlos I, continuada por Felipe VI.

A sus intervenciones respondió don Felipe con estas palabras, en el que ha sido considerado como su discurso más comprometido de los pronunciados en ese escenario desde que en 1981, con trece años, leyó el primero:

> Señores presidentes:
>
> España tiene que hacer frente a un inaceptable intento de secesión en una parte de su territorio nacional, y lo resolverá por medio de sus legítimas instituciones democráticas, dentro del respeto a nuestra Constitución y ateniéndose a los valores y principios de la democracia parlamentaria en la que vivimos desde hace ya treinta y nueve años.
>
> Durante las últimas décadas, los españoles hemos continuado nuestra historia, haciendo honor a nuestra decisión soberana de convivir juntos en democracia. Hemos vivido y compartido éxitos y fracasos, triunfos y sacrificios, que nos han unido en alegrías y sufrimientos. No lo podemos olvidar. Como no queremos ni podemos renunciar a lo que juntos hemos construido, sumando las aportaciones de todos, que constituye un valiosísimo legado que a todos y cada uno nos pertenece por igual.
>
> Y ello ha sido posible gracias a una España cimentada en el deseo sincero de convivencia y de entendimiento; en el respeto de las normas y de las reglas de la democracia; en reconocer con grandeza y generosidad los errores del pasado para no caer de

nuevo en ellos; una España en la que todos sus ciudadanos —cualesquiera que fuesen sus ideas, dondequiera que nacieran o vivieran— tuviesen la oportunidad de encontrar su lugar en paz y libertad, sin temores ni miedos a la imposición ni a la arbitrariedad, alejados del rencor y las fracturas.

Y a una España, también, abierta y solidaria en la que pudieran reconocerse todos y cada uno de los españoles, y en la que los pueblos que la integran viesen protegidas, reconocidas y respetadas sus lenguas, sus culturas, sus tradiciones y sus instituciones, como un verdadero patrimonio común que sin duda nos enriquece y nos identifica a todos.

Unos ideales estos que, como los que estuvieron en la razón de ser de la Unión Europea, debemos tener siempre presentes. Porque ningún proyecto de futuro se puede construir basándose en romper la convivencia democrática; ningún proyecto de progreso y libertad se sustenta en la desafección, ni en la división —siempre dolorosa y desgarradora— de la sociedad, de las familias y de los amigos; y ningún proyecto puede conducir al aislamiento o al empobrecimiento de un pueblo.

La España del siglo XXI, de la que Cataluña es y será una parte esencial, debe basarse en una suma leal y solidaria de esfuerzos, de sentimientos, de afectos y de proyectos. Una suma que siga alimentando nuestra vocación universal, nuestro legítimo orgullo de pertenecer a la gran realidad democrática que es Europa.

Por eso, Europa, la Unión Europea, forma parte del ser de esa España; una Unión que trasciende a los Estados con respeto a todas nuestras identidades y sensibilidades; una Unión que dé respuesta a la modernidad, que indudablemente avanza hacia una mayor integración y convergencia. Ése es el signo de nuestros tiempos, del mundo en el que vivimos.

Señores presidentes: los españoles no olvidan ni olvidarán que la Unión ha sido siempre un referente para España en el origen y en la consolidación de nuestra democracia; y que ha impulsado decisivamente nuestra prosperidad y bienestar. Pueden estar seguros de que la Unión encontrará en nuestro país un pilar esencial de apoyo y lealtad ante los nuevos desafíos que juntos debemos afrontar. Un camino que debemos recorrer acompañados de la razón, la palabra y el respeto a las reglas de convivencia, inspirándonos en tres principios europeos que también son indisociables: la democracia, los derechos fundamentales y el Estado de derecho.

Y añadió el monarca, dirigiéndose ahora a toda la concurrencia:

Señoras y señores:

La entrega de nuestros premios en Oviedo ha sido siempre un acto de reconocimiento de valores cívicos y de principios morales. Y esta tarde hemos continuado esa tradición una vez más, como lo venimos haciendo desde hace ya treinta y seis años.

Y en estos tiempos duros y difíciles que vivimos, es necesario más que nunca reivindicar los principios democráticos en los que creemos y en los que se sustenta nuestra vida en común. Son tiempos para la responsabilidad. Nuestros ciudadanos lo merecen, lo necesitan y lo exigen. Unos ciudadanos que desean convivir y progresar en paz, y que diariamente ofrecen todo un ejemplo de sacrificio, entrega y compromiso con su país.

> Y me siento muy orgulloso de afirmarlo aquí en Asturias, en esta tierra leal, tan querida y siempre admirable.

Constituyó aquella velada, en efecto, un claro espaldarazo europeísta al imperio de la ley y a la resistencia de la España democrática, encarnada en la figura del rey Felipe VI. Y un alivio para quienes no comulgábamos con la posición separatista.

Fue una ceremonia emocionante, tras los malos meses pasados, la que pude contemplar desde la platea del Campoamor. En una jornada bella e inolvidable. La más señalada que allí he vivido.

## La princesa

Le preguntaron una vez a Woody Allen qué le parecía la capital asturiana y respondió: «Es como un cuento de hadas, con príncipe y todo». Pero algo cambió, al menos de género, en octubre de 2019. Lo remarcaba la escritora Siri Hustvedt, al señalar que recogía su premio de las Letras de la mano «de una niña que es una princesa. Y me gustaría que fuera para todas las niñas que leen muchos libros sobre un sinfín de temas, que piensan, preguntan, dudan, imaginan y se niegan a estar calladas».

Era la primera vez que la princesa Leonor intervenía en el acto de entrega de los galardones. ¿A quién se los entregó?

A personajes como Salman Khan, premio a la Cooperación Internacional. Nacido en Nueva Orleans de padres indios, matemático por el MIT, ideó un sistema para ayudar a estudiar matemáticas a una prima que vivía lejos. Hoy su plataforma educativa —y gratuita— por internet, la Academia Khan, presente en 190 países, cuenta con 20.000 vídeos disponibles.

O Sandra Myrna Díaz, bióloga, premio de Investigación Científica y Técnica. Junto con Joanne Chory, buscan «superplantas» especialmente potentes en la absorción de dióxido de carbono como forma de combatir el cambio climático. «La naturaleza —explicó en tono poético— es, fundamentalmente, relaciones, es un construir y moler y rehacer siempre con los mismos materiales. Y en este maravilloso entremezclarse, el alquimista supremo son las plantas.»

O Aleksandra Maria Dulkiewicz, alcaldesa de Gdansk, premio de la Concordia. El jurado consideró que la ciudad polaca, de torturada historia, en cuyos astilleros nació el sindicato Solidarnoscść, encarna los valores de la democracia y de Europa. Su antecesor, Paweł Adamowicz, fue asesinado por un fanático.

«Gracias por fomentar la cultura y la ciencia, por impulsar la solidaridad, por mejorar la educación —les dijo con su firme vocecita Leonor—. Gracias por trabajar para preservar la naturaleza y reducir las injusticias, la discriminación, la pobreza y la enfermedad. Estamos aquí para rendiros homenaje. Vuestras obras nos recuerdan que hay millones de personas que piensan y actúan para que el mundo sea mejor.»

Concluía una nueva velada en el teatro Campoamor. Se cerraba otra lección sobre los desafíos de nuestro mundo a cargo de sólidos ponentes. Al anunciarse la convocatoria de 2020, el *think tank* que ha nutrido de referencias durante casi cuatro décadas a Felipe de Borbón se ponía al servicio de su hija, la futura reina de España.

## El talento de los jóvenes

El 20 de abril de 1990, en un discurso ante el Parlamento catalán, el entonces príncipe Felipe recordó que Cataluña «ha actuado como portavoz de la idea de la España de las nacionalidades, de las culturas, en su variedad y su unidad». Añadió que se equivocaban «quienes todavía contemplan la España autonómica como un problema, pues ha liberado y suscitado energías e imaginación. No hallaríamos en la España moderna un período más abierto del que vivimos, más implicado en un panorama de horizontes esperanzadores».

Aquel mes de abril el príncipe estaba recorriendo diversas localidades catalanas en un viaje que había sido reiteradamente solicitado por la Generalitat: ya en 1981, apenas superada la crisis del 23F, Jordi Pujol pedía al rey a través del marqués de Mondéjar que, a fin de reforzar «el engarce de la Corona y la dinastía con la tradición de Cataluña», convenía que se hiciera la «proclamación oficial y solemne del príncipe don Felipe como príncipe de Girona», ya que éste «era el título de los príncipes herederos de la antigua dinastía catalanoaragonesa». Es decir, a Pujol le interesaba visibilizar, en aquel momento de gracia para las instituciones surgidas de la Transición, a la monarquía democrática reentroncando con Cataluña a través de la línea sucesoria de la Corona de Aragón.

Nacida veinte años después de ese viaje, la Fundación Príncipe de Girona (hoy Princesa) emana de una misma voluntad de conexión. Impulsada por un grupo de empresarios, en su andadura ha apostado de forma continua por el trabajo puntero, la investigación y la creación, con la característica diferenciada de que va dirigida a los menores de treinta y cinco años.

Pude constatarlo desde el jurado de Artes y Letras, al que también tuve la oportunidad de incorporarme. Entre los que recibieron su reconocimiento en este campo figura la arquitecta gerundense Olga Felip, por sus esfuerzos para integrar espacios naturales y tramas urbanas; el pintor Hugo Fontela; la soprano Auxiliadora Toledano; o el novelista barcelonés Borja Bagunyà. Todos ellos menores de treinta y cinco años.

En cierto modo hermanos menores de los Princesa de Asturias, en los premios Princesa de Girona son los jóvenes ingenieros, poetas, artistas, pedagogos, líderes de oenegés, emprendedores, comunicólogos... quienes convierten cada año la sesión de entrega en una enseñanza sobre las respuestas que las nuevas generaciones están brindando a los retos del siglo XXI. Y también disparan la reflexión sobre aquello que puede abrir camino en la juventud: condiciones como el talento, la tenacidad, la buena formación y un marco propicio.

Así lo expresaba en 2016 el cineasta José Antonio Bayona como figura invitada. Su tenacidad la mostró, de adolescente, Bayona en la entrevista de entrada a la escuela de cine ESCAC: si no le admitían, dijo aquel menudo vecino de Trinitat Vella a sus examinadores, acabaría haciendo cine de todas formas, pero en otro lado. De ese centro le quedó el empuje de pertenecer a su primera promoción y, también, un equipo técnico de amigos que lo han acompañado en *Lo imposible* o *Penny Dreadful*. En cuanto al ambiente propicio, se lo brindó la legislación que obligaba a las cadenas televisivas a invertir en cine español, y que facilitó su debut con *El orfanato*. En el momento de participar en este acto acababa de estrenar *Un monstruo viene a verme*, rodada en inglés en Terrassa.

Es necesario el talento, y marco propicio. La escritora Elena Medel, el director de orquesta Andrés Salado, el cartógrafo Sergio Álvarez Leiva, la investigadora de la dislexia Luz Rello y la química Sílvia Osuna, todos menores de treinta y cinco años, recogían en un marco propicio sus reconocimientos.

En aquel julio de 2016, el rey Felipe VI pedía a la sociedad «comprometerse sin reservas y sin fisuras con los jóvenes para que puedan afrontar su futuro con mayor seguridad». Lo hacía en el Auditori de Girona, ante un público en el que figuraba, entre otros, el exalcalde de la villa y entonces presidente de la Generalitat, Carles Puigdemont. Otros tiempos.

En el habitual cóctel tras la entrega de los premios Princesa de Girona, el rey siempre acepta una copa de cava de bienvenida y departe cordialmente con los jóvenes premiados. Conoce sus trayectorias y también aspectos personales: los llama por su nombre e incluso pregunta por sus familias... El contacto fluye con facilidad.

El proceso político catalán complicó muchísimo la entrega de los premios de la Fundación Princesa de Girona. Parecería imposible de creer que una ciudad como Girona dejara escapar en 2018, de la mano de su maleducada alcaldesa, la oportunidad de albergarlo.

Pero así fue y eso nos permitió a quienes no lo conocíamos descubrir el Mas Marroch de los hermanos Roca, en la campiña gerundense, que constituyó un bello marco, aunque fuera entre las medidas de protección dictadas por el anunciado acoso independentista, que al final quedó en poca cosa.

Éste es un evento en el que se relatan experiencias. Como la del cardiólogo Valentí Fuster: «Yo a los diecisiete años estaba perdido. Tuve la suerte de encontrar a un tutor que me dijo: "Tú vas a ser un gran médico". No hay mejor inversión que buscar quiénes somos y adónde vamos». La de Pau Gasol: «El deporte de alta competición es muy intenso, te enseña a ganar y a perder». La de la nadadora paralímpica Teresa Perales: «El único fracaso que existe es si tienes tanto miedo que no te atreves ni a intentarlo».

Historias de premiados. Miriam Reyes y su sistema de aprendizaje visual para autistas. La organización francesa Article 1, que ha proporcionado estudios a 12.000 estudiantes sin recursos...

Los premios llegaban a su novena convocatoria. En palabras del rey, «trabajamos por aquello que tanto nos importa, el futuro de los jóvenes de nuestro país». Cuando las cabezas estén más claras, este trabajo innovador multiplicará el reconocimiento que ya tiene. Mientras tanto, lo dijo la presentadora Pepa Fernández, aquél «no fue un día cualquiera». Al dejar Mas Marroch convinimos que, en efecto, no lo había sido.

La Fundación Princesa de Girona impulsa programas del tipo «Cómo educar el talento emprendedor». En el período 2012-2018 participaron en ellos 6.000 docentes y 870 centros educativos, con proyección (calculada) sobre un ámbito de 150.000 alumnos.

La institución ha ofrecido encuentros con galardonados en campos como la robótica, las matemáticas, la química computacional, el arte o la música, a institutos de secundaria, FP y Bachillerato en toda España. También ha lanzado un proyecto de liderazgo *junior* para dar herramientas «a los jóvenes que quieren construir un futuro mejor».

Ha desarrollado actividades conjuntas con el European Youth Parliament, plataforma de debate político y educación cívica europea; con el First Lego League, para promover la vocación científica y tecnológica; con la Fundación Tommy Robredo, que fomenta el deporte entre personas discapacitadas; o con el Campeonato de Robótica de Catalunya.

La Fundación, que actualmente preside Francisco Belil y dirige Mónica Margarit, promueve el proyecto «Rescatadores de talento» para fomentar el empleo de jóvenes entre veinte y treinta años, priorizando a aquellos que constituyen la primera generación de su familia en obtener una titulación.

En 2019 se celebró la décima entrega de los premios Princesa de Girona en el Palacio de Congresos de Barcelona. Los ánimos en la ciudad volvían a estar alborotados tras la sentencia del juicio del *procés*, que imponía penas de entre nueve y trece años de cárcel a doce de los líderes independentistas. Una pena posiblemente excesiva. Distintas entidades afines, algunas con nombres pintorescos —como Pícnic por la República—, estaban decididas a impedir la ceremonia, o al menos a estropearla cuanto pudieran, y anunciaron que iban a plantarse en la Diagonal barcelonesa para obstaculizar la entrada al recinto.

Ese 11 de noviembre de 2019 confieso que evité el escrache. Pedí a un buen amigo que nos invitara, a mi mujer y a mí, a comer en un club deportivo colindante del que es socio. Tras el café nos deslizamos discretamente por un agradable sendero hasta el jardín del hotel Juan Carlos I, y de ahí al Palacio de Congresos.

El rey y la princesa Leonor contaban, allí dentro, con un ambiente muy bien predispuesto. Sospecho que los asistentes al acto de entrega de la Fundación Princesa de Girona venían ya muy caldeados por los días previos de desorden en la calle, amenazas de boicot, menosprecio a la familia real y un ambiente en general poco respetuoso con la jefatura del Estado, y con el simbolismo constitucional que representa.

Pese al acoso enfermizo y cutre al que fueron sometidos algunos de los que accedieron por la Diagonal, el gran auditorio se llenó al completo. Y la acogida no pudo ser más cálida. Los aplausos a Felipe VI tuvieron en varias ocasiones una duración tan prolongada que le obligaron a levantarse tras haberse sentado. El público aplaudía también puesto en pie. Y el entusiasmo subió aún más tras las palabras de Leonor. No me cabe duda de que se debieron de sentir muy arropados. Se escuchó no una, ni dos, sino muchas veces el grito monárquico clásico, poco habitual en Cataluña, de «¡Viva el rey!».

En su discurso en tres idiomas, Felipe VI apostó por la Cataluña más creativa, aquella «orgullosa de sus signos de identidad, plural e integradora, constructiva y solidaria con el progreso general». Aquella que, en la Transición, resultó inspiradora para el resto de España, con valores que no pueden «ni han de ser un recuerdo del pasado, sino una realidad efectiva de nuestro presente y nuestro futuro».

De alguna forma, esta intervención constituyó el complemento de la que pronunció el 3 de octubre de 2017 para pedir el restablecimiento de la legalidad en Cataluña. Si en aquélla se mostró serio y contundente, en ésta fue suave, matizado y muy atento a conectar con corrientes sensatas de la sociedad catalana que quizá no vieron con simpatía el anterior.

Leonor, en un catalán impecable, lanzó un mensaje directo de proyección al futuro: «Com princesa de Girona, vull honrar la Fundació com es mereix. I portar amb orgull el seu nom per tot Catalunya, per la resta d'Espanya i per tot el món. Per tal que tothom sàpiga que ocupar-se dels joves, de la seva formació, de que tinguin més oportunitats, és contribuir a tenir un futur millor per a tots».

A su madre, la reina, se la veía con la emoción a punto de desbordarse.

En apenas tres semanas del año 2019 yo había asistido a las entregas de premios de las fundaciones Princesa de Asturias y Princesa de Girona. El contenido en ambos casos, y en diferentes registros, enlazaba con las inquietudes punteras del presente: diversidad, sostenibilidad, inteligencia artificial, aplicación de las nuevas tecnologías a la corrección de discapacidades, justicia social, excelencia artística y literaria, con intervención de ponentes internacionales de primera línea que combinaban el conocimiento y la experiencia personal.

Quienes asocian la monarquía de Felipe VI a una visión rancia —o, en el mejor de los casos, a la nostálgica— deberían acercarse a la documentación de estos encuentros, que brindan una enriquecedora visión multidisciplinaria de la modernidad.

Extrañó a muchos que Xavier Ros-Oton, premio de Investigación Científica, subiera a recoger su galardón luciendo un lazo amarillo, el símbolo independentista de protesta contra las condenas derivadas del *procés*. Felipe VI le elogió como «uno de los matemáticos más brillantes y con más impacto a escala mundial».

Tras la ceremonia le pregunté a Ros-Oton qué quería simbolizar con su lazo. Después de dudar un poco me respondió amablemente:

—Pues que no estoy de acuerdo con la sentencia, y que en la democracia las cosas hay que hacerlas de otra manera.

—Pero ¿querías lanzar un mensaje antimonárquico?

—¡No! Por la separación de poderes; los reyes no tienen nada que ver con la sentencia. Antes de subir con el lazo se lo consulté al jefe de protocolo de los premios, y me dijo: «No me parece una buena idea, pero la decisión es tuya».

Y eso es exactamente el liberalismo.

Ese día tan agitado, el rey se mostró distendido hasta el último momento. El menú de la cena posterior a la entrega lo elaboraron los hermanos Torres, quienes salieron de los fogones para saludar a Felipe y Letizia, que agradecieron su trabajo. La reina, muy contenta tras la intervención de su hija, se retiró al finalizar la cena tras una sutil indicación de uno de los miembros de la Casa del Rey. Quedaban en la sala ya pocas personas y el personal de seguridad, pero Felipe VI, pese a la intensidad de la jornada, departió hasta el último momento con varios de los invitados, e incluso tuvo tiempo para disfrutar del número de magia que le ofreció uno de ellos con una baraja de cartas.

## Citas literarias en Palacio Real

Hay un tercer ámbito de la cultura en el que, a lo largo del último decenio, he tenido la oportunidad de constatar, de forma continuada, el interés de los reyes.

De todos los lugares de España, posiblemente sólo en el Palacio Real de Madrid puede ocurrir algo tan insólito como que una comida acabe a las tres de la tarde. Pero así sucedió en la que el rey Juan Carlos I ofreció con motivo de la concesión del premio Cervantes a Ana María Matute.

A la una entraba la gente en palacio; a las dos nos sentábamos, tras el preceptivo brindis, en el comedor de gala; y a las tres nos levantábamos de la larga mesa. Siguió un café, y a las cuatro, puntualmente, la recepción había concluido.

Este encuentro vinculado al premio Cervantes y dedicado al mundo de las letras ha experimentado varios formatos. En los años ochenta y noventa, como ya hemos visto, se trataba de un cóctel de pie multitudinario. Algunos *prime donne* del mundo literario, al encontrarlo demasiado abierto, dejaron de acudir. Hubo un cambio de estrategia, y la Casa Real pasó a invitar a almorzar en el Palacio Real a un número reducido de autores y editores, académicos, altos cargos de entidades del mundo del libro y representantes de la prensa cultural. Yo asisto por primera vez en el año 2011.

La liturgia es impactante. Los coraceros de la Guardia Real, a caballo, enmarcan la entrada de invitados con la funcional arquitectura de la Torre de Madrid recortándose al fondo. Ya en el interior, los alabarderos puntúan el ascenso por la gran escalinata de la ministra de Cultura. Me cruzo con la escritora Ángeles Caso, quien, apenas aterrizada, ya sale a fumar. En el salón del aperitivo, Mario Vargas Llosa y Luis María Anson hablan del reciente apoyo francés al toreo con Pere Gimferrer. Antonio Gamoneda comparte aperitivo con Álvaro Pombo, Luis Antonio de Villena o María Dueñas. Ana María Matute, vestida de blanco, ha entrado en silla de ruedas.

El director de la Real Academia, José Manuel Blecua, se cruza con la directora de la Biblioteca Nacional, Gloria Pérez Salmerón. Los reyes y los príncipes Felipe y Letizia reciben a los invitados antes de entrar al comedor y, luego, a la hora del café, charlan en corrillos con quienes se les acercan.

Al año siguiente, 2012, el almuerzo en palacio resulta bastante atípico. No asisten ni el anfitrión habitual —el rey, en pleno escándalo del viaje a Botsuana— ni el homenajeado —el poeta Nicanor Parra, nonagenario, se ha quedado en Chile por cuestiones de salud—. En el lugar del monarca presiden ya el acto los príncipes de Asturias, y en representación del antipoeta acude una hija suya, con el bonito nombre de Colombina.

La invitación se restringe a unas ciento veinte personas, que tienen el privilegio de sentarse en el comedor de gala del palacio, a la luz de alguna de las quince arañas de bronce dorado, de influencia francesa, que lo iluminan. Este comedor se utiliza apenas ocho o diez veces al año, generalmente para cenas de Estado.

En los corrillos se habla de libros, de temas variopintos y, cómo no, de lo que está sucediendo en el entorno real: de cacerías, excusas y terceras personas. Alguien bien informado me explica que la reina Sofía, que podría haber asistido a la comida, no lo ha hecho para dar más realce a los príncipes. Oigo opiniones favorables a la rápida reacción del rey tras el episodio africano, «pidiendo perdón a su estilo y como un niño pillado en falta» —me lo dice una importante política madrileña— y otras voces, como la de un conocido autor superventas, partidarias de que el monarca dé paso cuanto antes a la nueva generación que encarnan los príncipes.

En el brindis, el príncipe Felipe alude al «placer y el privilegio» de presidir la comida y de «celebrar la excelencia de la literatura en español» debido a la «circunstancia muy especial y excepcional que todos conocemos». A las 14:45 h, el almuerzo se da por terminado.

Hay tres momentos claves en la tradicional recepción real con motivo del premio Cervantes: el aperitivo, la comida propiamente dicha y el café. El aperitivo tiene lugar en la sala de Columnas del palacio, donde se firmó, según leo en una inscripción en mármol, «el Tratado de Adhesión de España a la Comunidad Europea el 17 de junio de 1995».

En 2013 hay una cierta expectación porque el príncipe Felipe, de nuevo, lee el discurso al mundo cultural reemplazando a su padre, otra vez ausente, ahora por motivos de salud. La atención va dirigida al contenido. ¿Dirá el príncipe algo que dé pie a interpretaciones especialmente sustanciosas? ¿Lanzará a los escritores algún mensaje vinculado a la situación actual del país y al especial momento de la institución monárquica?

No ocurre así. Felipe lee un correcto y cauto discurso que alude al retorno primaveral de Miguel de Cervantes, a través del premio que consagra a autores «del territorio de La Mancha, a un lado y otro del Atlántico». Cifra la actualidad del mensaje quijotesco en «hacer justicia, proteger al desvalido, amoldar su vida al pensamiento...».

En esa larga mesa me han colocado junto a José Rodríguez-Spiteri, diplomático de carrera y actualmente presidente del Consejo de Administración del Patrimonio Nacional, del que depende el edificio donde estamos ahora. El Patrimonio Nacional se ocupa de los bienes históricos vinculados a la Corona, y su administración ocupa a 1.400 personas. Tan sólo por el Palacio Nacional pasan cada año un millón de personas; el organismo también gestiona El Escorial, La Granja, Riofrío, el monasterio de las Huelgas, así como, entre otros espacios —sorpresa— el Valle de los Caídos. «Franco lo incluyó en el Patrimonio Nacional, aunque no tiene nada que ver con la Corona. Estamos estudiando qué puede hacerse allí», me explica Rodríguez-Spiteri.

El gran proyecto en marcha es el Museo de las Colecciones Reales, proyectado por los arquitectos Luis Moreno Mansilla (fallecido en 2012) y Emilio Tuñón, que albergará las mejores piezas —menos de 1.000 sobre un total superior a las 150.000— que tutela el organismo. «La fecha de apertura está prevista para 2016», añade mi vecino de mesa. Es evidente que el plazo no se ha cumplido.

El café. Se sirve en un saloncito y es el momento de las conversaciones informales y la oportunidad para departir con los anfitriones. El príncipe no vacila en prácticamente doblarse para saludar cariñosamente a Ana María Matute, empequeñecida y angelical en su silla. La princesa, por su parte, se interesa por la paternidad reciente del veteranísimo Fernando Sánchez Dragó, experiencia a la que éste acaba de dedicar un libro. Son las tres y media de la tarde, los príncipes se despiden, y con puntualidad británica la reunión se disuelve.

En 2015, los ya reyes Felipe y Letizia ofician por primera vez como anfitriones titulares del acto. Me siento unos minutos junto a Juan Goytisolo en una salita del Palacio Real. El autor de *Señas de identidad*, premio Cervantes de este año, va acompañado de su sobrina Julia. Hablamos de su etapa como divulgador del mundo árabe, especialmente con la serie *Alquibla*, en la línea de las grandes producciones de divulgación televisiva como *Civilización*, de Kenneth Clark, o *El espejo enterrado*, de Carlos Fuentes. Una iniciativa a propuesta de TVE que no ha vuelto a repetirse.

Al día siguiente Goytisolo recibirá su galardón en Alcalá de Henares, sin vestir de etiqueta, sin aplaudir al controvertido ministro del Partido Popular José Ignacio Wert y lanzando un discurso vindicativo y con guiños a Podemos. En algunos medios leo críticas a su intervención y su indumentaria.

Pero ¿qué esperaban?, me pregunto. El escritor se mantuvo fiel a su postura habitual, que no es complaciente. Y el Cervantes, como los premios nacionales, no implica un espaldarazo del premiado al gobierno de turno, sino que es un reconocimiento del Estado a través de su máximo representante y por medio de un jurado independiente.

El autor barcelonés sí aplaudió al rey Felipe en el acto de Alcalá. En palacio, le vi hablar un buen rato con doña Letizia, que es una lectora inveterada y una cinéfila confesa. No sé qué tal se hubiera entendido el escritor con don Juan Carlos y doña Sofía, aunque me da la impresión de que con el primero la conversación no habría sido demasiado fluida. Sospecho que, para el mensaje de renovación que están enviando a la sociedad española Felipe y Letizia, inaugurarse con una figura tan anticonvencional como Goytisolo les ha ido más que bien.

En 2017 el premiado es Eduardo Mendoza, según el rey un narrador cervantino, «por su mirada ilustrada y a la vez humorística». El autor de *La verdad sobre el caso Savolta* está acompañado de su familia y de buenos amigos de toda la vida, como su primer editor, el poeta Pere Gimferrer, o el profesor Francisco Rico.

Y con el café surge la conversación informal de los invitados con el rey y la reina, ambos con la impresión fresca de su reciente viaje a Japón y el contraste entre modernización y formas tradicionales que se sigue percibiendo en el país. La reina, cinéfila, comenta *David Lynch: the art life,* el documental sobre el director de *Twin Peaks* estrenado recientemente.

En 2019 abundan las caras nuevas. Patrici Tixis, presidente de los editores catalanes, presenta a la reina Letizia a María Sánchez, quien acaba de publicar *Tierra de mujeres*. La joven escritora —y veterinaria— cordobesa explica su trabajo: una visión en clave feminista de la España más despoblada. La reina comenta que dentro de un mes va a asistir a un congreso en Soria sobre este tema. La escritora informa de que ella también estará allí.

Contamos con otro experto: nada menos que el acuñador oficial de la expresión *La España vacía*, el aragonés Sergio del Molino, que ya ha dejado de numerar las reediciones de su libro.

Del Molino y Sánchez figuran entre los innovadores recientes del ensayo español. Los responsables de protocolo en Palacio Real intentan que las caras nuevas equilibren las figuras más conocidas en esta recepción, que abre el rey con un brindis por la ganadora Ida Vitale... Y entre quienes levantan la copa figuran renovadores de otros géneros: del misterio, como Carlos Zanón, padre del nuevo episodio del detective Pepe Carvalho creado por Vázquez Moltalbán, o Javier Castillo, superventas de Sant Jordi con *Todo lo que sucedió con Miranda Huff*. Del ensayo político, como Gregorio Luri (*La imaginación conservadora*). Javier Padilla, veintisiete años, premio Comillas con un trabajo sobre Enrique Ruano y el movimiento estudiantil antifranquista. O Juan Soto Ivars, debelador de *fake news*...

Llueve a la entrada y, más fuerte, a la salida de palacio. En palabras del exministro de Cultura César Antonio Molina, «desde el punto de vista climatológico, éste es el peor Cervantes que he vivido». Seguro que la enérgica nonagenaria Ida Vitale, feliz, no lo ve así.

## Breves encuentros con los monarcas

A lo largo de la segunda década del siglo XXI, en Oviedo, Barcelona, Girona y Madrid, he tenido unas cuantas ocasiones de hablar informalmente con los monarcas, durante esos corrillos que siempre propician tras los almuerzos, cenas y determinados actos oficiales, precisamente para estimular la aproximación de los invitados.

Al rey le sale de forma natural un gesto cálido y unas observaciones ponderadas y simpáticas; frente a la famosa campechanía castiza de su progenitor, encontramos en Felipe una cordialidad educada. Parece no tener nunca prisa. Letizia despliega una atención rápida y vivaz, con precisos puntos de vista sobre personalidades que ha conocido y referencias culturales muy al día.

Desde mi experiencia personal en estos breves encuentros no puedo decir sino que ambos me parecen personas inteligentes, de mucha categoría, que se complementan bien y constituyen una excelente representación del Estado. Como me dijo una importante editora mexicana, «los españoles no sabéis lo que tenéis con vuestros actuales reyes y la buena imagen que dan de España en toda Hispanoamérica».

Los discursos del rey en la comida del premio Cervantes suelen resultar protocolarios, pero los que realiza en las dos fundaciones tienen bastante contenido y, desde su etapa de príncipe, le han dado la oportunidad de realizar algunos de sus pronunciamientos más relevantes y personales. Como el de Oviedo en el crucial octubre de 2017.

## RAZONES PARA SER MONÁRQUICO CON FELIPE VI

Felipe y Letizia cultivan una actitud y proyectan una imagen impecable, moderna y sintonizada con los sectores más sensibles, solidarios y culturalmente vanguardistas de la sociedad. Lo he constatado a lo largo de los últimos diez años, a través del trabajo de las fundaciones Princesa de Asturias y Princesa de Girona, cuyas actividades tutelan y donde se proyectan especialmente esta actitud y esta sensibilidad, que me parece muy positiva, y con la que me siento identificado. Es una buena imagen del país, que justifica su trabajo.

Felipe VI ha aplicado los mandamientos de la ejemplaridad, cortando severamente la conexión con elementos de su propia familia. Primero con su cuñado Iñaki Urdangarin por su implicación en el caso Noos, y parcialmente con su propia hermana. Y a partir de marzo de 2020, marcando una drástica distancia con su padre.

El discurso del rey del 3 de octubre de 2017 frenó la andadura separatista y contribuyó de forma importante a restablecer el orden y la sensatez en Cataluña. Su actitud fue refrendada ese mismo año en Oviedo, durante un acto emocionante, por los principales dirigentes de la Unión Europea. Para los catalanes no independentistas la actitud de Felipe VI ha constituido un constante referente moral y anímico.

Su voluntad de empatía la han demostrado una vez más los reyes en la crisis del coronavirus: a lo largo del confinamiento, desde la Zarzuela, y en algunos actos exteriores, han mantenido contacto con más de mil personas representantes de distintos sectores sociales. Para la princesa Leonor, el celebrado en la catedral de la Almudena por las víctimas de la pandemia fue el primer funeral institucional al que acudía.

La princesa de Asturias brinda continuidad a la institución y abre una ventana al futuro.

# Epílogo: el sentido de la monarquía

¿Por qué tiene tanto gancho cultural la reina de Inglaterra? ¿Por qué los reyes actuales —los de la historia contemporánea— resultan tan atractivos como personajes literarios, cinematográficos o televisivos?

Veamos, por ejemplo, la novela de Alan Bennett *Una lectora nada común*, aparecida en el año 2007. El dramaturgo británico ya había abordado la figura de Isabel II en *A question of atribution*, la pieza teatral que dedicó al historiador de arte, asesor real y maestro de espías Anthony Blunt. En la *nouvelle* que comentamos, y que publicó Faber and Faber, la reina británica emblematiza nada más y nada menos que, dicho sea un poco trascendentalmente, el poder emancipatorio de la lectura.

La ambientación es precisa, y el humor, a veces cáustico, pero en general amable. Isabel II (aunque no se le menciona por este nombre, es ella) se topa un día, un poco por casualidad, con el encargado del bus-biblioteca del distrito de Westminster, que pasa por su palacio todas las semanas. Por educación le pide un volumen, él le recomienda uno de Ivy Compton Burnett y aquí se inicia el proceso de adicción lectora de la monarca, hasta entonces poco aficionada a la materia y ante quien se abre un sendero plagado de señales luminosas como Henry James, Dylan Thomas, Philip Larkin o Vikram Seth, para encontrarse al final del camino sumida en Marcel Proust.

Entretanto desatenderá alguna de sus funciones y perderá el rígido sentido del cumplimiento público que la caracterizaba. Los momentos más divertidos corren a cargo del duque de Edimburgo (un glacial maestro del sarcasmo); del secretario real (un trepa) o del primer ministro (que observa la afición lectora con desconfianza y pasa con la familia real en Escocia los tres días más aburridos de su vida). Lamentando no haber aprovechado sus encuentros oficiales con autores, la protagonista monta una fiesta con algunos de ellos que acaba resultando un horror. «Es mejor encontrarlos en las páginas de sus novelas», decide.

Pero lo más interesante atañe a la transformación de la monarca, cuando comprueba que la lectura la ayuda a entender «cómo son las otras personas» con su capacidad «discursiva y siempre invitadora», y que la lectura literaria, a diferencia de la de los *briefings* oficiales, «abre caminos en vez de cerrarlos». Constatarlo la lleva hacia la acción, y hacia un final que, por supuesto, no desvelaré aquí. Naturalmente, la gracia del libro radica en que el lector parta de la mencionada premisa según la cual a la verdadera Isabel II la literatura no le interesa, algo que comentaristas como Boyd Tonkin en *The Independent* se apresuraron a poner en duda cuando apareció el volumen de Bennett.

## Una serie de éxito

Es, sin embargo, una serie televisiva la gran responsable de la revalorización cultural reciente de la monarquía británica.

Hay un momento especialmente magnífico en la segunda temporada de la serie de la BBC *The Crown*. El viejo cascarrabias Winston Churchill, de pie como de costumbre, le escucha a una joven Isabel II su preocupación ante ciertas críticas que ha recibido por su comportamiento serio y distante, y la consiguiente pregunta de si debe cambiar. El hombre que plantó cara a Hitler calma a su soberana diciéndole que, en cualquier caso, no debe mostrar nunca nada personal a la ciudadanía, «sólo lo eterno», porque esa «eternidad encarnada» es lo que justifica la Corona.

Hay otras charlas en *The Crown*, de la reina con su madre y con su tío, el evanescente duque de Windsor, que van en la misma línea, momentos discursivos que hacen de la serie un instrumento de reflexión sobre la monarquía más útil que una decena de tratados politológicos sobre el tema.

En ella vemos como la Corona británica ha podido bandear graves momentos de crisis institucional, como la renuncia de Eduardo VIII por su relación con Wallis Simpson (y su contemporánea aproximación al nazismo). El descrédito que representa este episodio se verá compensado por la ejemplar actitud de su sucesor durante la Segunda Guerra Mundial, que devuelve a la Corona su popularidad máxima.

No es raro que el primer artífice de *The Crown* sea un tipo serio y talentoso, Peter Morgan, el mismo guionista al que debemos la película *The Queen*. La película que tan bien nos explica otro momento de severa crisis: cómo y porqué el *premier* Tony Blair decidió lanzar un salvavidas a la soberana británica en plena hecatombe provocada por el fallecimiento de lady Di y la actitud, que se percibió como cargada de frivolidad, del príncipe Carlos.

En *The Crown*, la reina intenta mantener la responsabilidad, la seriedad, la calma en un entorno caracterizado por los problemas continuos y la actitud irreflexiva y comprometedora de todo tipo de parientes. ¿Nos suena la situación? Al final su profesionalidad gana la partida. Juan Carlos I no demostró tanta sensatez como Isabel II, o tanto olfato político, al menos en su último tramo. Felipe VI los está desplegando.

La tarea de los monarcas contemporáneos, tan magnética para el espectador y a menudo también tan desconocida en sus dimensiones íntimas, ha inspirado otras películas recientes: *La decisión del rey*, sobre el monarca noruego Haakon; la estadounidense *Emperor*, en torno al emperador japonés Hirohito; la británica *El discurso del rey*, con Jorge VI como protagonista; la holandesa *Majesteit*, acerca de un episodio de la reina Beatriz... En España, Juan Carlos I ha inspirado la miniserie *El rey* (2014) o *23F: la película* (2011), entre otras.

El politólogo Josep Maria Colomer las ha revisado en su conjunto en el estudio *Monarcas parlamentarios en el cine*, donde sugiere significativamente:

> Todas las películas aquí revisadas incluyen declaraciones que pueden ser sorprendentes, a primera vista, para el espectador inadvertido: muchos reyes, reinas y miembros de la familia real declaran o confiesan que preferirían evitar este oficio. El glamour, el lujo y la fama pueden no valer el costo de vivir con el riesgo permanente de ser derrocado, de perder la privacidad y de depender de la agenda de otros.

El oficio real es exigente, y su coste alto en el plano humano.

Hay que meditar sobre la institución de la monarquía. En el índice de países con mayor calidad democrática del mundo de *The Economist*, nueve de los quince primeros puestos los ocupaban en 2018 monarquías constitucionales europeas (Noruega, Suecia, Dinamarca, Países Bajos, Luxemburgo, Gran Bretaña) o países de la Commonwealth (Canadá, Australia, Nueva Zelanda), vinculados con la Corona británica. España ocupaba el lugar 19 de la lista.

No es, claro, una casualidad. Se trata de sociedades liberales y desarrolladas, en las que se ha salvaguardado esta forma de Estado por razones de continuidad histórica, estabilidad y equilibrio entre tradición y modernidad. Como lo muestra, y muy bien, la serie *The Crown*.

(En Inglaterra, la institución es también una industria: se calcula que la familia real contribuye a generar 1.800 millones de libras anuales en conceptos como la atracción del turismo y la expansión del comercio nacional. En España, la industria turística ha pedido a nuestros reyes apoyo y presencia para afrontar el inquietante verano de 2020.)

«Las monarquías, en el siglo XXI, son una aporía. Se entiende por *aporía* una realidad que resulta difícil (por no decir imposible) de explicar especulativamente y que, sin embargo, está ahí, día tras día, año tras año, siglo tras siglo. Esto ocurre con la monarquía, una institución personal y hereditaria que parecería incompatible con un régimen constitucional y democrático. Pero he aquí que está ahí, en los países de más vieja tradición democrática, como Reino Unido, y en aquellos otros que sobresalen por su civilidad, su buen orden y su acreditada democracia, como Suecia, Holanda, Bélgica o Noruega. Éstos son los hechos. Ésta es la aporía», escribe el catedrático de Derecho Gaspar Ariño en el *Comentario mínimo a la Constitución española* que ha dirigido Santiago Muñoz Machado.

Y añade Ariño que la legitimidad de la Corona «deriva sobre todo del respaldo social, el afecto, la devoción, la confianza y la admiración que el pueblo tenga por sus reyes. Una monarquía poco querida no es duradera».

## Un *procés* con vocación coronada

Consideraciones como éstas supongo que estuvieron en la mente de los líderes independentistas catalanes cuando buscaban un referente para su Estado ideal: Artur Mas quería que Cataluña fuera «la Holanda del sur», Oriol Junqueras ponía como ejemplos a Dinamarca y Suecia, Carles Puigdemont se refugió en Bélgica. Muy significativamente, el implícito modelo de la república catalana... era una monarquía.

Desde Esquerra Republicana de Catalunya ese modelo se aireó repetidamente. En la localidad de Sant Cugat, por ejemplo, Junqueras pidió el voto animando textualmente a sus oyentes a apoyar ahora un Estado catalán para luego pasar «una vida adulta tan aburrida como la de cualquier holandés, danés o sueco», cuyos estados «llevan décadas siendo independientes» (y monárquicos en los tres casos, cosa que no dijo).

En la carta «A los españoles» publicada en *El País* el 6 de septiembre de 2015, los cabeza de lista del conglomerado independentista Junts pel Sí apuntaron, respecto a las elecciones que se avecinaban: «De eso va el 27 de septiembre, de decidir si queremos forjar una Catalunya que se asemeje a Holanda o Suecia, que rija su destino con plena capacidad, o seguir por los mismos derroteros». Firmaban Artur Mas, Raül Romeva, Carme Forcadell, Oriol Junqueras, Lluís Llach, Germà Bel y Josep Maria Forné.

Holanda, Dinamarca y Suecia... Sólidas monarquías constitucionales europeas, una forma de jefatura del Estado que no es baladí. ¿Acaso debería la hipotética Cataluña independiente iniciar su andadura buscando monarca?

El simbolismo es importante. Escribe el mitólogo Joseph Campbell que la figura del rey simboliza universalmente «el factor central que coordina una sociedad diferenciada». Y que cumple la función de ser «el ego de la mente del grupo».

Quizá precisamente por ello, en toda España, pero muy especialmente en Barcelona, la monarquía se ha visto en los últimos años en el centro del huracán como consecuencia del cambio de poder protagonizado por la «nueva política». No sólo del independentismo. También los dirigentes de Podemos y sus aliados catalanes de En Comú Podem han atacado ese «factor central» que sirve de referencia a la sociedad plural posterior a la Constitución de 1978.

En Barcelona, el consistorio que dirige Ada Colau ha movido bustos y monumentos y ha cambiado la denominación de una quincena de calles con el objetivo de reducir la «sobredimensión simbólica de la monarquía en la ciudad». Se aduce que la mayoría de los nombres vinculados a la dinastía borbónica que se pretende eliminar fueron impuestos en 1939, tras la victoria franquista.

Pero Franco, en 1939, era ya probablemente el menos monárquico de los hombres, porque había descubierto que se abría ante él un panorama mucho más despejado si se limitaba a ser franquista. Lo que hizo el consistorio surgido de la contienda en la capital catalana fue restablecer los apelativos de vías urbanas que la República había eliminado (y suprimir de paso muchos de los que había puesto).

En los diarios de 1931 leemos la relación de una treintena de calles y avenidas que el recién estrenado ayuntamiento republicano había decidido cambiar: Alfonso XIII pasaba a ser Bélgica; María Cristina, Pi i Margall; Fernando VII (la actual Ferran), Francisco Layret; Isabel II, Blasco Ibáñez; Plaza Real, plaza Francesc Macià; Princesa, Pablo Iglesias; Reina Victoria, Mariana Pineda; Infanta Isabel, Juan Alcover; Marqués de la Argentera, Eduardo Maristany; Plaza Palacio, Giner de los Ríos; María Victoria —este caso es interesante y pragmático— pasaba a ser Victoria Republicana, etcétera, etcétera, etcétera. Pero, tal como se fueron, la mayoría de los nombres eliminados volvieron unos años más tarde.

No hay poder en la historia sin correlato simbólico, y las calles lo plasman. La institución monárquica cuenta con partidarios y detractores, y una parte de los regidores del nuevo consistorio, el de Ada Colau, claramente parecen contarse entre los segundos. Sin embargo, para ser coherentes, si lo que se pretendía era atenuar la «sobredimensión simbólica de la monarquía», cabía esperar que la poda afectara a todas las monarquías presentes en el callejero: ¿por qué mantener el recuerdo a una figura, nada menos que de familia imperial, como fue la princesa y regente romana Gala Placidia? ¿Y a dos monarcas belicosos y expansivos como Jaume I y Pere IV?

Pero, si no queremos internarnos por tan laberínticos meandros, estaría bien recordar que los monarcas de la dinastía borbónica cuyo apelativo se pretendía hacer desaparecer figuraban en el callejero sobre todo por sus aportaciones a Barcelona. Especialmente a las manifestaciones que la internacionalizaron en el último siglo y medio.

La reina regente María Cristina de Habsburgo-Lorena propició e inauguró la Exposición Internacional de 1888. Alfonso XIII, lo hemos visto, jugó fuerte a favor de la Exposición Internacional de 1929, para la que brindó todas las facilidades y en la que participó intensamente, junto con su mujer e hijos. Don Juan de Borbón, símbolo democrático antifranquista, llevó con orgullo por el mundo —y para fastidio de Franco— el título de conde de Barcelona. Y Juan Carlos I, entre otras muchas cosas, realizó una notable y bien documentada contribución al éxito de las Olimpiadas barcelonesas. Como su hijo, el actual monarca, Felipe VI. Son apoyos y esfuerzos que una metrópoli no debe olvidar.

Desde el punto de vista del catalanismo, el rey Juan Carlos I pilotó con acierto una Transición tremendamente complicada que condujo a España desde una dictadura parafascista a un régimen democrático homologado internacionalmente y con presencia en la Unión Europea. Este proceso implicó la restauración de la Generalitat y el restablecimiento del autogobierno catalán, con cotas de autonomía mucho más amplias que en las experiencias previas de la Mancomunitat y la Generalitat republicana. Puede criticarse a Juan Carlos por distintas cuestiones, pero resulta antihistórico negarle su papel en este éxito.

## Una monarquía monárquica

Felipe VI asume la corona en 2014, en un momento de crisis de la institución. Por lo que yo he podido ver, en los años transcurridos desde entonces ha cumplido su trabajo con seriedad y entrega, ateniéndose a sus deberes constitucionales. Demostrando en la práctica día a día su voluntad de buen cumplimiento. Ha tenido sus críticos, por supuesto, pero también sus grandes partidarios. Los tiene en Cataluña, por muchas razones, especialmente ante la perspectiva de República catalana que algunos políticos estaban preparando.

Javier Cercas ha recordado que «en los años treinta, la última vez que se planteó seriamente en España el dilema entre monarquía y república, monarquía significaba dictadura y república significaba democracia. Hoy eso no ocurre, porque nuestra monarquía es democrática, es decir, una monarquía basada en los principios republicanos y por tanto heredera en la práctica de la última democracia de nuestro país, la II República: por eso el rey debería vindicar más a menudo la herencia republicana».

La reflexión es enjundiosa, y en buena medida compartible, pero lo interesante de la monarquía, a mi entender, no es que sea «republicana», sino que sea, además de democrática, precisamente «monárquica». Esto es, que tenga la virtud de enlazar el plano de lo simbólico y el peso de la historia con la cotidianidad social y política. Que encarne, como metafóricamente señalaba Churchill en la serie, «lo eterno», porque esa «eternidad encarnada» —dentro de las limitaciones de nuestra condición humana y nuestro tiempo— es un ingrediente clave de la monarquía.

Que en España cuenta con legitimidad democrática porque fue refrendada en el referéndum constitucional de 1978 y, más recientemente, en la ley sobre la sucesión a la Corona, que dio paso al reinado de Felipe VI, aprobada en el 2014 por amplísima mayoría en el Congreso y el Senado.

## El ritual

¿Qué hacen en su día a día los reyes? Cualquiera puede verlo en la web de la Casa Real, que se publica en los distintos idiomas del Estado. Allí encontraremos una cargada agenda, con visitas regulares a las distintas comunidades autónomas —donde pueden encontrarse tanto con los representantes de un instituto de investigación científica como con los de una cooperativa hortofrutícola—, participación en actos solidarios, inauguración de exposiciones, simposios y reconocimientos culturales y sociales, como los que hemos detallado en el capítulo anterior.

El rey recibe las cartas credenciales de los embajadores, preside juras de cargo de la policía, clausura un foro de empresas sociales, se conecta con la Estación Espacial Internacional o interviene en el Consejo de Seguridad Nacional. Y de tanto en tanto los monarcas ofrecen en el Palacio de Oriente recepciones llenas de solemnidad y color a otros jefes de Estado que visitan España, donde todo el mundo viste sus mejores galas.

La implicación del rey en estas actividades —tan buscada y perseguida— les añade el prestigio de la jefatura del Estado, y la ritualidad y el simbolismo de la monarquía.

«Los ritos —ha apuntado el filósofo coreano residente en Alemania Byung-Chul Han— son acciones simbólicas. Transmiten y representan aquellos valores y órdenes que mantienen cohesionada una sociedad. Generan una comunidad sin comunicación, mientras lo que predomina hoy es una comunicación sin comunidad.» Han considera que «los rituales dan estabilidad a la vida» y lamenta que el mundo de hoy «sufre una fuerte carestía de lo simbólico». Para este pensador, formas rituales como la cortesía «posibilitan no sólo un bello trato entre las personas, sino también un pulcro y respetuoso manejo de las cosas». Y en su opinión, «tras un exceso de desregulación, vuelve a notarse la necesidad de rituales y reglas fijas».

«Los rituales y las ceremonias —considera Byung-Chul Han— son actos genuinamente humanos que hacen que la vida resulte festiva y mágica. Su desaparición degrada y profana la vida reduciéndola a mera supervivencia.»

Necesitamos rituales como los que la monarquía brinda. Necesitamos el ritual, especialmente en las grandes tragedias nacionales. Como en el funeral de Estado laico celebrado en la plaza de la Armería del Palacio Real, el 16 de julio, por las decenas de miles de víctimas del coronavirus. Allí Felipe VI brindó una voz representativa y solemne al dolor nacional, recordando a quienes nos han dejado, los mayores y los jóvenes, durante un duro período en que «nuestra sociedad ha dado una lección de inmenso valor, y España ha demostrado su mejor espíritu». Y recordó la obligación que tenemos «de reconocer, respetar y recordar siempre la dignidad de los fallecidos».

Fue la única voz institucional —y consensuada por las formaciones— en la ceremonia. Y con la princesa Leonor depositaron unas flores en el pebetero donde ardía la llama del homenaje, en medio de un espacio histórico, enorme e imponente, sometido a las medidas de seguridad vigentes, entre un silencio atronador.

## El simbolismo

¿Qué hay del simbolismo histórico de largo recorrido? Le pasaré la palabra a mi querido maestro, el gran medievalista José Enrique Ruiz-Domènec:

> Según se deduce de las bellas historias rescatadas por Georges Dumézil del inmenso bagaje cultural de los pueblos indoeuropeos, la monarquía debe considerarse una estructura latente de carácter simbólico que se adapta al curso de la historia en su forma y su significado.
>
> Es lo que demostró Georges Duby al estudiar la imagen de los tres órdenes en la legitimación de la casa real de los Plantagenet. De su sentido histórico profundo, retiene la esencia: la monarquía es de ese modo un modelo de armonía social que en la Edad Media la convierte en el árbitro entre nobleza, clero y burguesía; en el Renacimiento la encauza hacia la doctrina del príncipe elaborada por Maquiavelo; en el siglo XVII se convierte en el pilar de la construcción de un Estado para evitar la violencia inherente a las venganzas particulares.

En el siglo XVIII se propone delimitar el sentido de la Ilustración en igualdad de condiciones con las propuestas de contenido republicano, pues mientras el desarrollo de la Revolución industrial se liga en Inglaterra y Prusia a la monarquía, en los Estados Unidos y en Francia lo hace a la república. Y finalmente, en el siglo XX, la predispone para asumir los valores democráticos, incluso en el sueño de una Unión Europea, pues la misma calidad democrática encontramos en repúblicas como Italia, Francia o Alemania, que en monarquías como Inglaterra, Dinamarca o España.

En suma, el autor de *España, una nueva historia* y *Europa, las claves de su historia* considera que «vista desde la perspectiva que da los siglos, la monarquía es un valor de equilibrio, de serenidad en los momentos de turbación respondiendo así a lo que le exige su naturaleza: el mejor modo de administrar con sabiduría la diversidad humana».

## Las funciones concretas

En la práctica, ¿hasta dónde puede llegar el rey de España en el ejercicio de sus funciones? Se lo pregunto al jurista, escritor y político Jorge Trías Sagnier:

> El rey es algo más que un jefe de Estado. Según la Constitución, es el símbolo de la unidad y permanencia de la nación; y, además, arbitra y modera el normal funcionamiento de las instituciones. Su principal función arbitral es la designación, una vez escuchados los grupos políticos, del candidato a la

presidencia del gobierno. Pero tiene más funciones. Como dice Herrero de Miñón: «Ni el rey debe dar públicamente opiniones sobre materias de gobierno al margen de sus ministros, ni éstos, y muy especialmente el presidente, pueden poner al rey ante hechos consumados que le nieguen la posibilidad de ejercer su competencia de moderación y su capacidad de influencia».

En otros países está regulada esa función. En Inglaterra existe el Secretariado Político de la Reina. En Dinamarca, un organismo muy similar. El Gabinete Real en Holanda. Y la Casa del Rey en Bélgica. En España, el Real Decreto 434/1988 regula la Casa de Su Majestad el Rey. Pero es una regulación de funciones, no tanto políticas, sino administrativas. Constitucionalistas de prestigio echan en falta en nuestro país una ley orgánica que regule las funciones arbitrales, esencialmente políticas, del rey.

Porque el Rey no gobierna, pero reina. «El arbitraje regio —añade en su comentario a la Constitución el ya citado Gaspar Ariño— será escuchado si está avalado por un gran respaldo social a la Corona. Su eficacia (es decir, su influencia sobre los gobernantes) será proporcional al prestigio y la autoridad que el rey haya logrado a lo largo de su vida y al reconocimiento social que la Corona tenga ante la gente.»

## Rentabilidad simbólica, beneficio social

Varios de los países más prósperos y envidiables del mundo son, como hemos visto, monarquías parlamentarias. El *premier* Tony Blair —al igual que Churchill— tuvo claro su apoyo a la Corona británica en momentos difíciles porque le interesaba, para su país, mantener ese enlace tan singular entre la máxima modernidad con la máxima tradición. En otros de esos países, como Holanda o Bélgica, la institución monárquica ha atravesado también situaciones de crisis que han sido superadas en beneficio de la estabilidad nacional.

Quienes pensamos que la monarquía sigue constituyendo un activo y un muy útil elemento de estabilidad y simbolismo para España confiamos en que Felipe VI mantendrá las normas que él mismo se fijó en su discurso de proclamación ante las Cortes: «La Corona —dijo entonces— debe velar por la dignidad de la institución, preservar su prestigio y observar una conducta íntegra, honesta y transparente, como corresponde a su función institucional y a su responsabilidad social. Porque, sólo de esa manera, se hará acreedora de la autoridad moral necesaria para el ejercicio de sus funciones. Hoy, más que nunca, los ciudadanos demandan con toda razón que los principios morales y éticos inspiren (y la ejemplaridad presida) nuestra vida pública. Y el rey, a la cabeza del Estado, tiene que ser no sólo un referente, sino también un servidor de esa justa y legítima exigencia de los ciudadanos».

La monarquía está al servicio del país, al que debe ofrecer rentabilidad simbólica y beneficio social y político. Restaurar todo el prestigio de la institución, manteniendo y potenciando la figura del buen rey —del rey prudente—, es el reto de Felipe VI. Y en su desempeño va a contar con muchos apoyos.

**MIS RAZONES PARA SER MONÁRQUICO**

Mis razones para ser monárquico tienen raíces familiares. Mi abuelo y mi padre encontraron en Alfonso XIII y en don Juan de Borbón, respectivamente, motivos de confianza por su aportación a la sociedad española, con argumentos que supieron transmitirme. Después mi propia vivencia de la Transición y el asentamiento de la democracia en España, y posteriormente la participación en actividades de las fundaciones Princesa de Asturias y Princesa de Girona, han acabado de consolidar una visión positiva de la institución.

Pero hay otras razones:

En el *ranking* de los países más democráticos del mundo, los primeros puestos los ocupan monarquías.

En tiempos complicados, y de mutaciones políticas, brinda un rostro que toda la nación puede identificar y con el que identificarse.

La monarquía conecta tradición con modernidad. Se mueve en un plano de simbolismo profundo. Reactiva ceremoniales y rituales que los ciudadanos aprecian y que todos los países importantes, también los republicanos, mantienen para sus jefaturas de Estado. Entre nosotros, la institución monárquica representa un hilo conductor de la historia española desde la Edad Media hasta los días actuales.

La Constitución de Cádiz de 1818, texto emblemático del liberalismo español, tras establecer que «el objeto del gobierno es la felicidad de la nación, puesto que el fin de toda sociedad política no es otro que el bienestar de los individuos que la componen», ya dictamina: «El gobierno de la nación española es una monarquía moderada hereditaria». En los dos últimos siglos, la institución monárquica española ha sido recuperada una y otra vez porque constituye, pese a los vaivenes, una garantía de estabilidad política. En tiempos recientes, la monarquía ha sido refrendada democráticamente por la Constitución de 1978 y la Ley de Sucesión de 2014.

Hoy la monarquía democrática es el primer símbolo de ese gran pacto de 1978, que con amplio consenso, muy difícil de repetir, amparó la democracia española y ha servido de marco jurídico al período más próspero de nuestra historia reciente. La Corona española, pese a los errores de Juan Carlos —que no anulan sus importantes aciertos—, se sigue vinculando a los grandes éxitos de la Transición y la Postransición, que han tenido repercusión internacional.

La utilidad y el prestigio de la monarquía dependen de la ejemplaridad y rigor de quien la encarna, y en este sentido Felipe VI, acompañado por la reina Letizia, está cumpliendo muy bien su función.

El sentimiento y las convicciones monárquicas tienen en Cataluña una larga tradición. Durante el franquismo, el activismo monárquico estuvo unido a la lucha por la democracia.

La etapa política amparada por la monarquía constitucional ha brindado a Cataluña el período de mayor autogobierno de los tiempos modernos.

La colaboración directa de la monarquía con la ciudad de Barcelona ha hecho posible sus tres momentos de mayor brillantez en varios siglos: las dos exposiciones universales de 1888 y 1929, y los Juegos Olímpicos de 1992.

Tras el 1 de octubre de 2017, el rey garantizó en su discurso el cumplimiento de la ley en Cataluña, aportando tranquilidad a muchos catalanes constitucionalistas. Y en su posterior intervención barcelonesa de 2019 atemperó la severidad de su mensaje, aproximándolo a la amplia franja de catalanes que se consideran catalanistas pero están rectificando actualmente pasadas simpatías con el independentismo.

La monarquía constitucional lanza sobre el panorama político un mensaje de moderación, continuidad y equilibrio. Por eso los radicalismos, los populismos y los totalitarismos constituyen hoy sus principales adversarios.

Un rey lo es por nacimiento, pero en un sistema monárquico que funcione correctamente, cuando ya no cumple correctamente con su labor, deja el cargo, como ha ocurrido con Juan Carlos I. La institución tiene, en democracia, sus propios mecanismos de regulación, explícitos o implícitos. El rey es beneficioso para el país cuando es un activo y debe apartarse cuando se convierte en un lastre.

La familia real por excelencia, la británica, pasó por momentos muy duros de crisis, con Eduardo VIII y a la muerte de Lady Di. En ambos casos superó el bache y su permanencia ha resultado positiva para Gran Bretaña, según reconocen incluso sus antiguos adversarios. Un modelo a tener muy en cuenta.

La aportación del rey al Estado es muy superior a lo que cuesta al contribuyente.

En el plano nacional e internacional, Felipe y Letizia brindan una imagen de seriedad, compromiso social, modernidad cultural y prestigio.

El monarquismo bien entendido, como he intentado mostrar a lo largo de estas páginas, es sobre todo un liberalismo.

# Agradecimientos

Con Mey compartimos la vida, y también hemos compartido momentos importantes en distintas jornadas de las Fundaciones Princesa de Asturias y Princesa de Girona. Me ayudó mucho en la documentación y redacción de este libro, e hizo memoria de algunas de las situaciones vividas. Gracias por ello, y por todo, y especialmente por hacerme tan llevables unos meses que van a quedar en nuestra memoria y en la colectiva.

Francisco Martínez Soria, director de Ariel, aceptó enseguida mi propuesta y realizó sugerencias que enriquecieron decisivamente el texto. Ha constituido un gran placer y una fuente de aprendizaje trabajar con él.

Mi trabajo en *La Vanguardia* me ha permitido un conocimiento de primera mano de algunas cuestiones que abordo en estas páginas, donde he reelaborado varios de mis artículos. El rotativo en el que mi abuelo colaboró durante tantos años ha constituido para mí desde 1987 la mejor plataforma profesional con la que podía soñar. Gracias a la familia Godó y a los directores con quienes he trabajado.

Miquel Molina me pidió el artículo que acabó de decidirme a escribir este libro. Jorge Trías Sagnier y José Enrique Ruiz-Domènec compartieron conmigo parcelas de su sabiduría y tuvieron la gran amabilidad de redactar breves textos sobre cuestiones específicas aquí abordadas. ¡Gracias!

# Bibliografía mínima

## 1. Un gentilhombre de Alfonso XIII


Baviera, princesa Pilar de, y comandante Desmond Chapman-Huston, *Alfonso XIII*, Juventud, 1959.

Castillo Puche, J. L. (ed.), *Diario íntimo de Alfonso XIII*, Biblioteca Nueva, 1961.

Kexar-Yus, *Mis conversaciones con el marqués de Foronda*, edición no venal, 1951.

Manent, Albert, *El molí de l'ombra*, Edicions 62, 1986.

Petrie, Charles, *Alfonso XIII y su tiempo*, prólogo y notas de José Ramón Alonso, Dima, 1967.

Ruiz Moragas, Leandro Alfonso, *El bastardo real. Memorias del hijo no reconocido de Alfonso XIII*, La esfera de los libros, 2004.

Sagarra, Josep Maria de, *Memorias*, Anagrama, 1998.

Seco Serrano, Carlos, *La España de Alfonso XIII. El estado, la política, los movimientos sociales*, Espasa-Calpe, 2002.

Tusell, Javier, y Genoveva García Queipo de Llano, *Alfonso XIII. El rey polémico*, Taurus, 2001.
Valdeiglesias, marqués de, *1875-1949, La sociedad española vista por el marqués de Valdeiglesias*, Biblioteca Nueva, 1957.
Vila-San-Juan, José Luis, *Alfonso XIII. Un rey, una época*, EDAF, 1993.
Vila San-Juan, Pablo, y E. Nadal Camps, *Dato*, Colección sociólogos españoles, Imprenta Editorial barcelonesa, 1913.
Vila San-Juan, Pablo, *Lo que no tiene nombre. Crónicas de Marruecos*, Antonio López, 1923.
—, *Memorias de un cronista*, serie de artículos publicados en *La Vanguardia* entre 1971 y 1974.

## 2. Juan III en Arenys de Mar

Anson, Luis María, *Don Juan*, Plaza & Janes, 1994.
Borràs, Rafael, *La guerra de los planetas*, Ediciones B, 2005.
Doria, Sergi, *Ignacio Agustí, el árbol y la ceniza*, Destino, 2013.
Fernández-Miranda, Juan, y Jesús García Calero, *Don Juan contra Franco. Los archivos secretos de la última conspiración monárquica*, Plaza & Janés, 2018.
García Abad, José, *Don Juan, náufrago de su destino*, La esfera de los libros, 2012.
Gatell, Cristina, y Gloria Soler, *Martín de Riquer, vivir la literatura*, RBA, 2008.
Gironella, José María, *Conversaciones con don Juan de Borbón*, Afrodisio Aguado, 1968.

Guillamon, Julià, *Joan Perucho, cendres i diamants. Biografia d'una generació*, Galaxia Gutenberg, 2015.
Nadal, Joaquim Maria de, *Memòries. Vuitanta anys de sinceritats i de silencis*, Aedos, 1965.
Sainz Rodríguez, Pedro, *Un reinado en la sombra*, Planeta, 1981.
Vila-San-Juan, José Luis, *¿Así fue?*, Nauta, 1973.
—, *Coronas sin cabeza, cabezas sin corona*, Planeta, 1989.
—, *Los Borbón en España. Cunas, bodas y mortajas*, Plaza & Janés, 1998.

*Artículos:*

*Boletín del Club Náutico de Arenys de Mar*, n.º 7-8, 1968.
Massana, M. D., «El cas Nadal», *Capçalera*, 2013.
Vázquez de Prada, Mercedes, «La oposición al régimen franquista en Barcelona. Algunas muestras entre 1948 y 1951», *Hispania*, LXIII/3, n.º 215, 2003.

*Testimonios:*

Dario Olartúa.
Papeles inéditos de Joan Anton Maragall Noble, que agradezco a su hijo Joan Anton Maragall Garriga.

## 3. Juan Carlos I, el 92 y la ejemplaridad

Debray, Laurence, *Juan Carlos I de España*, Alianza, 2013.
Fuentes, Juan Carlos, *23 febrero 1981. El golpe que acabó con todos los golpes*, Taurus, 2020.
Gomá, Javier, *Ejemplaridad pública*, Taurus, 2010.

—, «Tarde pero bien», en VV. AA., *Rey de la democracia*, Galaxia Gutenberg, 2017.

Kantorowicz, Ernest H., *Los dos cuerpos del rey. Un estudio de teología política medieval*, Ed. Akal, 2012.

Porcel, Baltasar, *Obra completa 2. Reis, polítics i anarquistes*, Proa, 1992.

Preston, Paul, *Juan Carlos I, el rey de un pueblo*, Debate, 2012.

Quaggio, Giulia, *Cultura en Transición. Reconciliación y política cultural en España, 1976-1986*, Alianza, 2014.

Semprún, Jorge, *Federico Sánchez se despide de ustedes*, Tusquets, 1996.

Tusell, Javier, *Juan Carlos I. La restauración de la monarquía*, Temas de Hoy, 1995.

Vázquez Montalbán, Manuel, *Un polaco en la corte del rey Juan Carlos*, Extra, Alfaguara, 1996.

Vilallonga, José Luis de, *El rey*, Plaza & Janés, 1993.

*Artículos:*

Alcázar, Mariángel, «Dolor y gloria», *La Vanguardia*, 6 de junio de 2020.

—, «Sánchez agradece a la Casa Real que se desvincule del rey Juan Carlos I», *La Vanguardia*, 9 de julio de 2020.

—, «Las cintas envenenadas», *La Vanguardia*, 19 julio de 2020.

Bassets, Lluís, «Un autorretrato moral y psicológico», *El País, Babelia*, 15 de junio de 1996.

Zarzalejos, José Antonio, «Las claves de la "operación RJCI"», *El Periódico*, 9 de agosto 2020.

*Testimonio:*

Lluís Reverter.

## 4. Felipe VI, rigor y calidez

Canal, Jordi, *La monarquía en el siglo XXI*, Turner, 2019.
Cruz, Juan, *Cuando teníamos las respuestas, nos cambiaron las preguntas*, Fundación Princesa de Girona, 2019.
Carol, Màrius, *Condición de príncipe*, Planeta, 2004.
Fuente Lafuente, Carlos, *Protocolo y ceremonial en los premios Príncipe de Asturias (1981-2010)*, Sindéresis, 2016.
Lillo, Juan de, *Graciano García, nada fue un sueño. Biografía íntima del creador de los Premios Príncipe de Asturias*, KRK Ediciones, 2012.
Romero, Ana, *Final de partida*, La esfera de los libros, 2015.

*Artículos:*

Amat, Jordi, «Últimas noticias del "procés"», *La Vanguardia*, 19 de julio de 2020.
García Calero, Jesús, «Entrevista a Carmen Iglesias: "La gran formación del Rey afloró en el discurso del 3 de octubre"», *ABC*, 30 de enero de 2018.
Martínez Fornés, Almudena, «La ejemplaridad de un rey en medio de la tormenta perfecta», *ABC*, 14 de junio de 2020.
Vila-Sanjuán, Sergio, «Claves culturales de los nuevos reyes», *La Vanguardia*, 8 de junio de 2014.

Zarzalejos, José Antonio, «El rey de la guardia civil», *El confidencial*, 6 de junio de 2020.

## Epílogo: el sentido de la monarquía

Bennett, Alan, *Una lectora nada común*, Anagrama, 2008.
Colomer, Josep Maria, «Monarcas parlamentarios en el cine», en VV. AA., *La política es de cine*, Centro de Estudios Políticos y Constitucionales, 2018.
Han, Byung-Chul, *La desaparición de los rituales*, Herder, 2020.
Muñoz Machado, Santiago (ed.), *Comentario mínimo a la Constitución española*, Crítica, 2018.

*Artículos:*

Álvarez, Eduardo, «Felipe y Letizia, un veraneo nacional para salvar el turismo», *El Mundo*, 27 de junio de 2020.
Cercas, Javier, «¿Para qué sirve hoy la República?», *El País*, 13 de enero de 2019.
Irujo, José María, «Larsen declaró que Juan Carlos I le dio 65 millones "por gratitud"», *El País*, 5 de julio de 2020.
Ramón, Juan Claudio de, «¿Podemos ser monárquicos ya?», *El Mundo*, 25 de junio de 2020.
Solozabal, Juan José, «Nuestra monarquía parlamentaria», *El País*, 25 de junio de 2020.

Este libro se terminó de imprimir
en Limpergraf
en noviembre de 2020.